Breaux  Geht doch!

Ich widme dieses Buch Mrs. Marge Barker, meiner einstigen Lehrerin in der 9. Klasse, die mir Vorbild, Mentorin, Lektorin und Freundin fürs Leben wurde.

Durch Dein Beispiel hast Du mich zu der Lehrerin gemacht, die ich heute bin. Danke für Deine freundliche, aber bestimmte Art, Deine Weigerung, Dich mit dem Zweitbesten zufrieden zu geben, Dein gutes Herz, Deine Aufgeschlossenheit und Deinen unermüdlichen Einsatz für Tausende Schülerinnen und Schülern, die Du im Lauf der Jahre unterrichtet hast. Ich fühle mich geehrt und bin sehr glücklich und stolz, eine von ihnen gewesen zu sein.

In Liebe, Liz

Elizabeth Breaux

Geht doch!

So vermeiden Lehrer die
20 häufigsten Fehler

Aus dem Englischen von Richard Barth

Elizabeth Breaux hat selbst 24 Jahre lang Schüler unterrichtet, die sogenannten Risikogruppen angehören. Ihrer Ansicht nach ist Unterrichten der schwierigste und bereicherndste Beruf, den es gibt. Ihre Botschaft ist einfach: »Ehe ich meine Schüler unterrichten kann, muss ich sie zuerst erreichen.« Inzwischen ist Elizabeth Breaux in der Lehrerausbildung tätig. Sie ist Autorin mehrerer Bestseller und hält Vorträge im In- und Ausland.

Titel der amerikanischen Originalausgabe:
How the best teachers avoid the 20 most common teaching mistakes
Veröffentlicht von: Eye On Education, 6 Depot Way West, Suite 106, Larchmont, N.Y. 10538, USA
Copyright © 2009 Eye On Education, Inc. All rights reserved.

Lektorat: Michael Kühlen

© 2011 Beltz Verlag · Weinheim und Basel
www.beltz.de
Herstellung: Sarah Veith
Druck: Beltz Druckpartner, Hemsbach
Umschlaggestaltung: glas ag, Seeheim-Jugenheim
Printed in Germany

ISBN 978-3-407-62742-1

Inhalt

Vorwort

Machen wir uns nichts vor: *Unsere Schüler beobachten uns auf Schritt und Tritt.* Sie sind Meister darin, unsere Schwächen auszunutzen. Sie wissen genau, wie sie uns auf die Palme bringen können. Manchmal kommt es uns vor, als wären wir Schrauben und unsere Schüler Schraubendreher.

Das klingt vielleicht etwas hart, aber leider ist es eine realistische Beschreibung dessen, was in vielen Klassenzimmern vorgeht. Allzu oft sind die Schüler die »Herren« der Lage. Nach 24 Jahren Unterrichtserfahrung mit den schwierigsten Klassen bin ich zu dem Schluss gekommen, dass sich die meisten Probleme im Unterricht auf einen oder mehrere Fehler zurückführen lassen, die wir alle schon gemacht haben – auf Fehler, die sich korrigieren oder von vornherein vermeiden lassen.

Wenn Sie dieses Buch gelesen haben, werden Sie Ihre Klassen besser im Griff haben. Sie werden sich gestärkt fühlen und ein besserer Lehrer sein, dem mehr Respekt entgegengebracht wird. Vergessen Sie nicht, dass Sie sich für diesen Beruf entschieden haben, weil Sie Kinder über alles lieben. Es ist ein Beruf, für den Sie sich tagtäglich neu entscheiden müssen. Die Entscheidungen, die Sie dabei im Klassenzimmer treffen, können das Leben anderer verändern. Dieses Buch hilft Ihnen dabei, Entscheidungen zu treffen, die das Leben jedes Einzelnen Ihrer Schüler positiv beeinflussen. Als Lehrer haben Sie bleibenden Einfluss. Sorgen Sie dafür, dass es ein positiver Einfluss ist.

Einleitung

Was ich über das Unterrichten gelernt habe

- Ich habe gelernt, dass Unterrichten die härteste, aber auch bereicherndste Arbeit ist, die man sich vorstellen kann.
- Ich habe gelernt, dass dort, wo die Stellenbeschreibung aufhört, die Aufgaben eines Lehrers erst anfangen.
- Ich habe gelernt, dass jeder Schüler anders und doch alle Schüler gleich sind.
- Ich habe gelernt, dass man jeden Schüler erreichen und jedem Schüler etwas beibringen kann.
- Ich habe gelernt, dass Schüler sich nach Struktur und Orientierung sehnen. Sie wünschen sich Lehrer, die wissen, was sie wollen, und die sich durchsetzen können.
- Ich habe gelernt, dass Schüler es hassen, wenn Erwachsene schwach sind.
- Ich habe gelernt, dass Schüler zuverlässig jeden unserer Schwachpunkte finden und ausnutzen.
- Ich habe gelernt, dass Schüler eine entspannte, herzliche und klar strukturierte Lernumgebung brauchen, um wachsen zu können.
- Ich habe gelernt, dass Schüler Autoritätspersonen respektieren, wenn diese fair, freundlich, konsistent, einfühlsam und authentisch sind.
- Ich habe gelernt, dass sich die meisten Probleme im Unterricht auf einen von wenigen typischen Lehrerfehlern zurückführen lassen.
- Ich habe gelernt, dass die Schüler eigentlich verlieren, wenn sie »gewinnen«.
- Ich habe gelernt, dass der Erfolg der Schüler in erster Linie von der Qualität des Lehrers abhängt.

Gebrauchsanleitung für dieses Buch

Dieses Buch eröffnet Ihnen Einblicke in die Klassenzimmer vieler Lehrerinnen und Lehrer, die mit den Herausforderungen kämpfen, denen sich jeder Lehrer heute stellen muss. Der Abschnitt »*Den Fehler erkennen*« beschreibt den Fehler. Daran schließt sich »*Beispiel(e) für den Fehler*« an. Es folgen die Rubriken »*Den Fehler korrigieren*« und »*Den Fehler vermeiden*«. Am Ende findet sich unter der Überschrift »*Quintessenz*« eine Zusammenfassung des Kapitels.

Was in den einzelnen Kapiteln beschrieben ist, wird Sie sicherlich an Ihre einstigen Lehrer, Ihre Kollegen und an Ihren eigenen Unterricht erinnern. Ich wünsche Ihnen, dass Sie sich durch die Lektüre dieses Buches auf Ihrem Weg bestätigt fühlen und umso selbstsicherer daran arbeiten, mit jedem Tag und jedem Schuljahr ein besserer Lehrer zu werden.

Wie dieses Buch Ihnen helfen kann

Wenn Sie …
- sich selbst und Ihre Klassen in den Griff bekommen wollen;
- weniger Stress beim Unterrichten haben wollen;
- eine entspannte, herzliche und klar strukturierte Lernumgebung schaffen wollen;
- ein Lehrer sein wollen, der im Leben jedes einzelnen Schülers eine Rolle spielt;
- jeden einzelnen Schüler erreichen wollen, sodass sie jedem einzelnen Schüler auch etwas beibringen können;
- sich nicht länger im Nachhinein darüber ärgern wollen, was sie getan und gelassen haben;
- der entscheidende Faktor sein wollen, der Ihren Schülern zum Erfolg verhilft

… dann liegen Sie mit diesem Buch richtig!

Fehler № 1

Annehmen, die Schüler wüssten bereits Bescheid

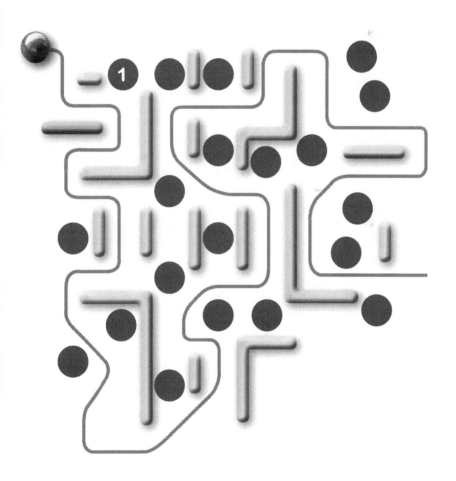

Den Fehler erkennen

Einer der ersten und größten Fehler, die Lehrer machen, ist die Annahme, die Schüler wüssten bereits, was sie von ihnen erwarten. Oft gehen wir davon aus, dass Schüler umso mehr wissen, je älter sie sind. Manche Lehrer meinen sogar, Schüler könnten Gedanken lesen, und werten es als Zeichen von Ungehorsam oder Respektlosigkeit, wenn sie das nicht tun!

In unserer Eile, möglichst schnell mit dem Unterrichten anzufangen, vergessen wir oft, das richtige Fundament zu legen – die Grundlage für effektiven Unterricht. Wir sind so darauf fixiert, mit der Stoffvermittlung zu beginnen, dass wir es versäumen, den Schülern die grundlegenden Methoden beizubringen, durch die sie neuen Stoff viel effizienter und effektiver lernen können.

Wie oft haben Sie von sich selbst oder Ihren Kollegen schon Aussagen wie diese gehört?

- »Ich bringe ihm doch nicht bei, dass es respektlos ist, mir ins Wort zu fallen! Als Siebtklässler sollte er das langsam gelernt haben!«
- »Ich finde es unmöglich, dass man Achtklässlern noch sagen muss, sie sollen in den Korridoren nicht rennen.«
- »Ich soll einer Fünftklässlerin erzählen, dass sie nicht einfach ungefragt aufstehen darf? Soll das ein Witz sein?«
- »Warum sollte ich wertvolle Zeit damit verschwenden, Regeln und Methoden zu ›unterrichten‹? Am Ende kommen wir womöglich mit dem Buch nicht durch!«

Die Annahme, die Schüler wüssten bereits Bescheid, ist einer der tragischsten Fehler, die wir als Lehrer machen können. Die Folge ist nämlich, dass wir sofort eine Abwehrhaltung einnehmen, wenn die Schüler sich nicht so verhalten, wie wir es von ihnen erwarten.

 Beispiel für den Fehler

Ich erinnere mich noch an meinen ersten Unterrichtstag, als wäre es gestern gewesen. (Dabei habe ich mich wirklich sehr angestrengt, ihn zu vergessen.) Ich hatte im Mai mein Referendariat abgeschlossen und wollte im Herbst als Lehrerin anfangen. Den Luxus, mich an jenem Junimorgen ordentlich auszuschlafen, hatte ich mir verdient. Allerdings war mir dieser Luxus sehr viel kürzer vergönnt, als ich es mir erträumt hatte.

Als um 7:30 Uhr das Telefon klingelte, schlief ich natürlich noch tief und fest. Ich nahm ab und musste feststellen, dass es der Schulleiter der Highschool direkt gegenüber war. Er war auf der Suche nach einer Lehrerin für den Sommerkurs in Englisch. Da die Lehrerin, die den Kurs ursprünglich leiten sollte, plötzlich verhindert war, hatte der Schulleiter sich an die Schulbehörde gewandt. Und da ich mich kürzlich um eine Stelle beworben hatte, gab die Schulbehörde ihm meinen Namen und meine Kontaktdaten.

»Bei uns vor dem Sekretariat sitzen 36 Schüler, und ich habe niemanden, der sie unterrichtet«, sagte er. »Wollen Sie den Job übernehmen?« Ich war noch im Halbschlaf und dachte wahrscheinlich, ich träume noch. Jedenfalls antwortete ich, dass ich gleich da sei. Das Nächste, woran ich mich erinnere, ist die Schlüsselübergabe, das Versprechen, ich würde Lehrbücher bekommen, sobald man sie gefunden habe, eine Entschuldigung, dass es leider kein Lehrerhandbuch gebe, und 36 schläfrige, apathische Teenager, die wie benommen Löcher in den Gang starrten.

Den Rest sehe ich nur noch durch einen Schleier. Aber so viel weiß ich: Ich bin ziemlich »geschwommen«, und das war eine sehr unschöne Erfahrung. Die meiste Zeit habe ich wie wild mit Armen und Beinen gerudert, habe es aber jeden Tag geschafft, den Beckenrand wieder zu erreichen. Ich bin zwar nicht ertrunken, konnte den Kopf aber nur mit Mühe über Wasser halten.

Im Rückblick kann ich meine(n) Fehler deutlich sehen. Mein größter Fehler war die Annahme, Schüler an der Highschool seien mit den Spielregeln bestens vertraut. Daher hatte ich es versäumt, ihnen beizubringen, nach *meinen* Regeln zu spielen! Ich war einfach davon ausgegangen, dass sie das tun würden, schließlich war ich für sie verantwortlich. Und dann war ich jedes Mal frustriert, wenn sie es nicht taten. Was dachten sie sich nur? Wussten sie nicht, dass *ich* die Lehrerin war?

Den Fehler korrigieren

Meine Schüler hielten sich nicht so an die Spielregeln, wie ich es von ihnen erwartete. Es wurde von Woche zu Woche schlimmer, und irgendwann gab es kein Zurück mehr. Ich war wütend auf die Schüler, die alt genug waren, um zu wissen, was ich von ihnen erwartete. Und ich war wütend auf mich selbst, weil ich nicht früher erkannt hatte, dass ich selbst dieses Verhalten zugelassen hatte.

Ich hatte zugelassen, dass die Schüler meinem Unterricht ihre eigenen Regeln überstülpten. Ich hatte geglaubt, Schüler dieses Alters könnten meine Gedanken lesen. Ich hatte voreilig geschlossen, dass sie sich nicht so verhielten, wie ich es von ihnen erwartete, weil sie allesamt Versager seien: Sie nahmen ja alle an diesem Sommerkurs teil, weil sie im vorangegangenen Schuljahr durchgefallen waren. Ich hatte meine Macht an die Schüler abgetreten und mich hinterher beschwert, dass sie sie anders benutzten, als mir lieb war.

Vielleicht ist es Ihnen selbst schon einmal so ergangen. Auf einen Schritt vorwärts folgten zehn Schritte zurück. Sie haben appelliert, gebettelt, bestraft, gezetert, Schüler zum Schulleiter geschickt, Eltern einbestellt – aber nichts hat gefruchtet. Irgendwann waren Sie so erschöpft, dass Ihr Kampfgeist erlosch.

Frage: Was jetzt?

Antwort: Gestehen Sie sich Ihren Fehler ein. Entschuldigen Sie sich bei den Schülern dafür, dass Sie ihnen Ihre Arbeitsweise nicht richtig vermittelt haben. Entschuldigen Sie sich für Ihre Inkonsequenz bei der Vermittlung von Arbeitsabläufen. Bieten Sie Ihren Schülern daraufhin an, noch einmal ganz von vorne anzufangen. Fragen Sie, ob sie etwas dagegen haben, heute nicht über den Unterrichtsstoff, sondern über die Arbeitsabläufe zu sprechen. Und dann: Stellen Sie alles auf null! Das Schöne am Unterrichten ist, dass Sie jeden beliebigen Tag zu einem »Montag« erklären können.

Nehmen Sie sich für diesen Neustart Zeit. Nachdem Sie mit Ihren Schülern geredet haben, müssen Sie ihnen konkret *vermitteln*, was Sie von ihnen erwarten, indem Sie es ihnen erklären und vormachen. Wenn Sie eine Methode ordentlich erklärt haben, müssen Sie sie *einüben*. Geben Sie den Schülern Gelegenheit, sie unter Ihrer

Anleitung auszuprobieren. Sobald Sie mit den Ergebnissen zufrieden sind, können Sie sich daranmachen, die Methode *anzuwenden*.

Und jetzt kommt der schwierigste Teil: Damit Arbeitsabläufe zur Routine werden, müssen Sie unbedingt auf die absolut konsequente Anwendung der Methoden achten. Wenn Sie es den Schülern durchgehen lassen, Methoden nicht nach Ihren, sondern nach ihren eigenen Vorstellungen anzuwenden, so ist das zum Schaden aller. Der Schüssel zum Erfolg ist die konsequente Umsetzung, und dieser Schlüssel liegt allein in der Hand des Lehrers.

 Den Fehler vermeiden

Um den Fehler zu vermeiden, sollten Sie davon ausgehen, dass die Schüler nicht die geringste Ahnung haben, was Sie von ihnen erwarten. Die ersten Tage eines Schuljahres sollten Sie dafür einplanen, das Fundament zu legen. Ich bin dabei immer so vorgegangen:

- Ich habe mich bei den Schülern für die große Anzahl der Erwartungen *entschuldigt*.
- Ich habe *Verständnis gezeigt*, dass sie es nicht leicht haben, weil jeder Lehrer andere Erwartungen an sie hat.
- Ich habe den Schülern *versichert*, dass ich nicht davon ausgehe, sie würden sofort alles eins zu eins umsetzen, was ich von ihnen erwarte: Falls etwas zu Beginn nicht funktioniere, würde ich ihnen meine Erwartungen noch einmal verdeutlichen.

Dann konnte ich mich daranmachen, die ersten Regeln und Abläufe einzuführen, die von diesem Tag an gelten sollten. Voraussetzung dafür war allerdings, dass ich eine fertige Liste von Regeln und Methoden hatte, einschließlich eines Plans, wie ich sie den Schülern in den ersten Schultagen vermitteln wollte.

Stellen Sie eine Liste mit allem auf, was aus Ihrer Sicht für einen reibungslosen, geordneten, effizienten Unterricht notwendig ist. Diese Themenliste könnte zum Beispiel so aussehen:

- das Klassenzimmer betreten
- zu spät kommen

- Umgang mit Arbeitsmaterialien
- sich die Aufmerksamkeit des Lehrers verschaffen
- Beteiligung im Unterricht
- Hausaufgaben
- sprechen/sich zu Wort melden
- Gruppenarbeit
- Stillarbeit
- Elterngespräche
- fragen, ob man auf die Toilette gehen darf

Fangen Sie gleich am ersten Schultag mit dem ersten Punkt auf Ihrer Liste an. *Vermitteln* (erklären, zeigen, modellieren) Sie genau, was Sie von den Schülern erwarten. Dann folgt das *Einüben*. Lassen Sie die Schüler Rollenspiele machen. Ermuntern Sie die Schüler dazu, Fehler zu machen! Lernen soll Spaß machen, egal, wie alt und in welcher Klasse die Schüler sind. Nutzen Sie diese Phase, um Fehler zu korrigieren, sodass Sie beim *Anwenden* nur noch erinnern, verstärken und konsequent bleiben müssen!

 Quintessenz

Listen mit Regeln, Abläufen und Erwartungen gibt es ebenso viele, wie es Lehrer an einer Schule gibt. Schüler sind (zum Glück!) keine Gedankenleser. Machen Sie Ihre Erwartungen deutlich, bevor Sie mit dem eigentlichen Unterricht beginnen, und planen Sie die ersten Unterrichtsstunden dafür ein, Abläufe zu vermitteln, einzuüben und anzuwenden. Stellen Sie sich darauf ein, dass Sie manches noch einmal erklären müssen.

Machen Sie sich bewusst, dass ein disziplinierter, effizienter und effektiver Unterricht nur möglich ist unter Anleitung eines Lehrers. Sie sind der entscheidende Faktor. Versprechen Sie sich selbst und Ihren Schülern, dass Sie auf die konsequente Umsetzung Ihrer Erwartungen pochen werden. Seien sie freundlich, aber bestimmt, hilfsbereit, aber unnachgiebig, konsequent, aber kein Kontrollfreak! Das bringt uns zu Fehler Nr. 2: Versuchen, andere zu kontrollieren.

Fehler № 2

Versuchen, andere zu kontrollieren

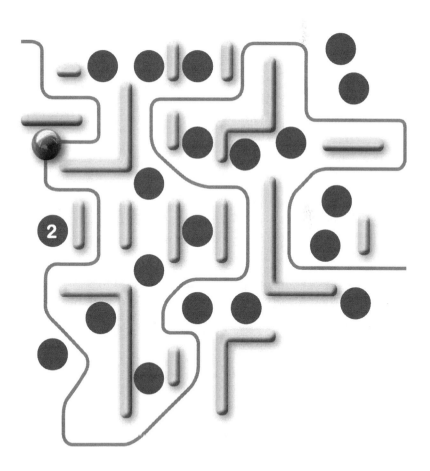

Den Fehler erkennen

Wenn wir uns dem Glauben hingeben, wir könnten andere kontrollieren, stellen wir uns damit selbst ein Bein. Wenn wir im Bemühen, unsere Klassen, unsere Schüler oder unser Leben insgesamt zu kon-trollieren, die Selbstbeherrschung verlieren, haben wir genau das verloren, was wir doch mit aller Macht erlangen wollten: die Kontrolle. Eines müssen wir uns daher klarmachen und uns immer wieder einschärfen: »Der Einzige, den ich kontrollieren kann, bin ich selbst!«

Wir haben alle oft genug miterlebt, wie jemand die Selbstbeherrschung verloren hat. Leider haben sich viele dieser Beispiele in den Schulen zugetragen, an denen wir unterrichten. Die naheliegendsten Beispiele sind jene, in denen Lehrer schließlich aufgeben und den Job gewechselt haben. Diese Fälle haben zumindest ein positives Ende genommen, weil diese Lehrer sich immerhin erhobenen Hauptes zurückgezogen haben.

Am traurigsten mitanzusehen sind jene Beispiele, in denen Lehrer immer weiter versuchen, alles zu kontrollieren, und dabei nicht merken, dass sie die falsche Taktik anwenden. Ihre Bemühungen sind und bleiben daher zum Scheitern verurteilt. Meistens richten sich diese Bemühungen darauf, andere zu kontrollieren – doch solange man nicht gelernt hat, sich selbst zu kontrollieren, ist das ist ein Ding der Unmöglichkeit.

Wenn ich nicht unter Kontrolle habe, wie ich selbst handle und reagiere, dann werde ich niemals kontrollieren können, wie diejenigen handeln und reagieren, die mir anvertraut sind. Ich bin das Vorbild, an dem meine Schüler sich orientieren. Sie richten sich nach meinem Beispiel, im Guten wie im Schlechten.

Die beste Lehrerin, die ich je hatte, war gerade einmal 1,50 Meter groß und inklusive Winterstiefel höchstens 45 Kilo schwer. Sie hieß Mrs. Barker, und wir, die wir das Glück hatten, zu ihren Schülerinnen zu gehören, haben immer gut daran getan, ihr zeitlebens nachzueifern.

Mrs. Barker war eine Lehrerin, die die Dinge stets im Griff hatte. Sie hatte nicht nur ihre Klassen im Griff, sondern auch die Schulmensa, die Turnhalle und den Schulhof. Ihre bloße Gegenwart war allen in ihrem Umfeld Ansporn, Haltung zu wahren. Mrs. Barker ging stets mit gutem Beispiel voran und versuchte nie, andere zu kontrollieren, um damit ihre eigene Unsicherheit zu kaschieren. Doch gerade dadurch schien sie alles unter Kontrolle zu haben. Wer von ihr unterrichtet wurde, gewann an Selbstwertgefühl, Selbstbeherrschung und Selbstdisziplin und lernte außerdem unendlich viel über die englische Sprache.

Erst viele Jahre später wurde mir klar, warum es stets so wirkte, als habe Mrs. Barker alles im Griff. Sie hatte den einzigen Menschen voll und ganz im Griff, den sie kontrollieren konnte: *sich selbst.*

 Beispiele für den Fehler

Den Fehler, die Kontrolle zu verlieren, gibt es in vielen verschiedenen Ausprägungen, aber im Kern geht es immer um ein und dasselbe: das Scheitern an der Aufgabe, sich selbst voll und ganz unter Kontrolle zu haben. Vielleicht kommen Ihnen die folgenden Beispiele irgendwie bekannt vor:

1. Herr Schönewetter will bei allen gut angeschrieben sein. Sein oberstes Ziel ist, von seinen Schülern gemocht zu werden, und dieses Ziel ist in allen Situationen seine Handlungsmaxime. Er hat durchaus Erwartungen, macht sie seinen Schülern aber nicht deutlich, aus Angst, sie könnten anderer Meinung sein. Er hat Regeln, aber er schreckt davor zurück, sie konsequent durchzusetzen, weil er seine Schüler nicht verärgern will.

   Dabei übersieht er, dass sein Verhalten, oder vielmehr Nicht-Verhalten, durch seine Widersprüchlichkeit ein feindseliges Klima erzeugt. Schüler, die von ihm bestraft werden, empfinden ihn als unfair. Durch sein Bemühen, sich mit allen gut zu stellen, ist er niemals Herr der Lage. Um sich bei seinen Schülern Respekt zu verschaffen, müsste er zuerst einmal die Kontrolle darüber erlangen, wie er selbst handelt und reagiert.

2. Frau Negativ ist im Laufe ihrer »Bemühungen«, ihrem Namen alle Ehre zu machen, die Kontrolle, um die sie sich müht, gänz-

lich abhandengekommen. Zu ihren Methoden, ihre Schüler mit harter Hand bei der Stange zu halten, gehört neben Herumschreien, Herabsetzen, Drohen und Sarkasmus noch eine ganze Reihe weiterer bewährter Methoden der negativen Verstärkung. Frau Negativ ist bekannt dafür, dass sie sich selbst nicht unter Kontrolle hat. Wenn man sie nicht durch die geschlossene Tür eines Klassenzimmers schreien hört, dann gellt ihre Stimme gerade quer über den Schulhof. Sie betont bei jeder Gelegenheit, sie sei gezwungen, auf solche Methoden zurückzugreifen, weil das die einzige Möglichkeit sei, den Schülern beizukommen. Aber wenn ihre Methoden wirklich funktionierten, dann wäre sie doch nicht mehr »gezwungen«, sie einzusetzen?

3. Herr Schwarzer Peter bedient sich am liebsten disziplinarischer Maßnahmen, die von der Schulleitung verhängt werden, um Druck auf seine Schüler auszuüben. Seiner Meinung nach ist das »die einzige Sprache, die Schüler verstehen«. Weil er es nicht geschafft hat, eine Beziehung zu seinen Schülern aufzubauen, in der es Grenzen gibt, die beide Seiten respektieren, sind seine Klassen ständig außer Rand und Band. Weil Herr Schwarzer Peter es nicht geschafft hat, seinen Schülern Arbeitsabläufe zu vermitteln, die einen reibungslosen Unterricht gewährleisten würden, hat er tagtäglich alle Hände voll zu tun, die neuesten Brandherde einzudämmen.

Weil Herr Schwarzer Peter es nicht geschafft hat, eindeutige Regeln aufzustellen, in denen andere Strafen als Verweise vorgesehen sind, und diese konsequent umzusetzen, testen die Schüler weiter munter seine Grenzen aus. Druck über Schulleitung und Eltern aufzubauen erscheint ihm als einzig möglicher Weg. Alle finden, dass Herr Schwarzer Peter die Dinge einfach nicht im Griff hat. Und diese Beschreibung ist völlig zutreffend, denn er hat es vernachlässigt, unter Kontrolle zu bringen, wie er handelt und reagiert.

4. Herr Hammer hat alles und jeden unter Kontrolle (zumindest denkt er das). Er hat für jede denkbare Unterrichtssituation eine Regel, und er hat genaue Vorstellungen davon, was die Schulleitung unternehmen sollte, wenn ein Schüler sich nicht an seine

Regeln hält. Er schikaniert seine Kollegen (vor allem diejenigen, die deutlich jünger sind als er). Er schikaniert seine Schüler mit ständigen Herabsetzungen und permanentem Sarkasmus.

Er hält seine Taktik für erfolgreich, weil er stets das bekommt, was er will: die Oberhand. Allerdings steht Herr Hammer mit dieser Sichtweise ziemlich allein da. Andere sehen in ihm den skrupellosen Prinzipienreiter, der er ist. Die Schüler fürchten ihn, aber sie lernen nicht viel von ihm. (Wenn ängstliche Stille gleichbedeutend mit Disziplin wäre, dann wären seine Schüler der Inbegriff einer disziplinierten Klasse.) Seine Kollegen haben keinerlei Respekt vor ihm; die Schulleitung kann ihn nicht ausstehen. Die Eltern beten, dass ihr Kind nicht in seine Klasse kommt.

Er jedoch hat die totale Kontrolle über sein Handeln, so haarsträubend es anderen auch erscheinen mag. Sein Handeln (das nur er ganz allein beeinflussen kann) ist der Grund, weshalb andere ihn und seine Taktik ablehnen. Sein Handeln ist der Grund, weshalb er niemals ein effektiver, von allen respektierter Lehrer sein wird.

 Den Fehler korrigieren

Die meisten Fehler lassen sich beheben. Voraussetzung ist allerdings, dass man sie sich eingesteht. Hat man sie einmal erkannt und sich eingestanden, kann man entsprechend mit ihnen umgehen. Vielleicht haben Sie das Gefühl, Sie hätten Ihr »Händchen« fürs Lehrersein verloren oder hätten dieses Händchen noch nie gehabt.

Auch in einem solchen Fall sollten Sie genau überlegen, was Sie eigentlich falsch gemacht haben, bevor Sie versuchen, den Fehler zu beheben. Wenn Sie einen Fehler eingestehen und sich dafür entschuldigen, ist das der erste Schritt, ihn zu überwinden. Vergessen Sie nicht: Sobald Sie die Kontrolle über Ihr eigenes Handeln erlangt haben, können Sie so gut wie alles in Ihrem Sinne beeinflussen!

Ich weiß noch, wie ich meinen Schülern immer eine Reihe von Versprechen gegeben habe. Mein erstes Versprechen lautete, dass ich genauso mit ihnen reden wurde, wie ich es mir umgekehrt auch von ihnen wünschte. Ein weiteres war, dass ich niemals etwas von ihnen erwarten würde, was ich nicht auch von mir selbst erwartete. Indem ich meinen Schülern erlaubte, mich für mein Tun zur Verantwortung zu ziehen, konnte ich sie auch für ihr Tun zur Verantwortung ziehen. Sie reiften dadurch zu jungen Menschen heran, die Verantwortung für ihr eigenes Handeln übernahmen.

Die Voraussetzung für all das war, dass ich als Lehrerin mit gutem Beispiel voranging und die Verantwortung für mein Tun übernahm. Ich wurde von Schülern und Kollegen gleichermaßen respektiert, weil ich den Eindruck vermittelte, dass ich die Dinge stets im Griff hatte.

 ### Den Fehler vermeiden

Einen Kontrollfreak man nur durch die Einsicht in Schach halten, dass es unmöglich ist, andere zu kontrollieren. Man kann nur sich selbst im Griff haben. Ich muss mir eingestehen, dass ich der einzige Mensch bin, über den ich überhaupt Kontrolle ausüben kann. Wenn ich es schaffe, meine eigenen Handlungen und Reaktionen im Griff zu haben, wird das den Menschen um mich herum Respekt abnötigen. Und aufgrund dieses Respekts werden sie in der Lage sein, ihre eigenen Handlungen und Reaktionen auf all das zu kontrollieren, was tagtäglich in einem Klassenzimmer vorgeht. Nur dann erscheint es, als hätte ich alles im Griff!

Um den Fehler zu vermeiden, sollten Sie sich mit den folgenden Eigenschaften vertraut machen, die typisch sind für Lehrer, die ihre Klassen stets unter Kontrolle haben, beziehungsweise für Lehrer, die kontrollsüchtig sind (vgl. dazu mein Buch »How to Reach and Teach ALL Students – Simplified«).

Lehrer, die die Klasse und sich selbst im Griff haben,

- würden nicht im Traum daran denken, sich mit irgendjemandem auf einen Machtkampf einzulassen;
- behandeln andere mit höchstem Respekt und erwarten im Gegenzug das Gleiche;
- setzen Regeln und Arbeitsabläufe konsequent um;

- würden nie versuchen, einen Schüler zu kontrollieren, indem sie ihn bloßstellen oder in Verlegenheit bringen;
- haben erkannt, dass Antipathie eine Barriere zwischen Lehrer und Schüler aufbaut, die jegliche Wissensvermittlung praktisch unmöglich macht;
- werden *niemals* laut, sondern bleiben in jeder Situation ruhig und gefasst;
- sind freundlich, aber bestimmt;
- haben hohe Erwartungen und reagieren auf inakzeptables Verhalten mit einer Null-Toleranz-Politik (ihre Reaktion ist jedoch stets dem Schülerverhalten angemessen, und die Umsetzung ist konsequent);
- sind sich bewusst, dass sie als Vorbild dafür dienen, was sie von anderen erwarten können, und verhalten sich entsprechend;
- sind Meister darin, das Gute in anderen zu sehen und zu fördern;
- übernehmen die Verantwortung dafür, die Disziplin im Klassenzimmer aufrechtzuerhalten, und betrachten es als letztes Mittel, die Schulleitung einzuschalten.

Kontrollsüchtige Lehrer
- geraten oft in Machtkämpfe mit Schülern;
- gehen respektlos mit Schülern um und werden von ihren Schülern nicht respektiert;
- beschämen Schüler oder bringen sie in Verlegenheit;
- sind bei der Umsetzungen von Regeln und Arbeitsabläufen oft inkonsequent und werden deshalb von den Schülern als unfair wahrgenommen;
- haben selten positiven Kontakt zu den Eltern;
- fühlen sich oft als Opfer ihrer Schüler;
- schreien ihre Schüler häufig an;
- haben eine große Abneigung gegen Kollegen, die ihre Schüler im Griff haben;
- sind Meister darin, das Schlechte in anderen zu sehen;
- setzen disziplinarische Maßnahmen als Abschreckungsmittel ein und erwarten oft von der Schulleitung, die Schüler zu angemessenem Verhalten zu bewegen.

Wenn Sie diesen Fehler vermeiden wollen, dann machen Sie eine ehrliche Bestandsaufnahme, wie Sie sich bisher gegenüber Ihren Schülern verhalten haben. Welche Verhaltensweisen sind charakteristisch für Sie? Welche sollten Sie noch verbessern, welche in Zukunft vermeiden?

 Quintessenz

Die Quintessenz ist eigentlich ganz einfach. Bringen Sie sich selbst unter Kontrolle, indem Sie auf Ihre Handlungen und Reaktionen achten. Seien Sie ein Muster an Selbstbeherrschung. Akzeptieren Sie, dass Sie Fehler machen, und übernehmen Sie die Verantwortung für Ihre Fehler. Erlauben Sie auch anderen, Sie für Ihre Fehler zur Verantwortung zu ziehen. Dann und nur dann werden Sie wirken, als seien Sie in allen Situationen Herr der Lage. Vergessen Sie nicht: Sie können andere nicht kontrollieren. Aber Sie können Veränderungen in anderen bewirken, indem Sie sich selbst unter Kontrolle haben!

Fehler №3

Sich auf Machtkämpfe einlassen

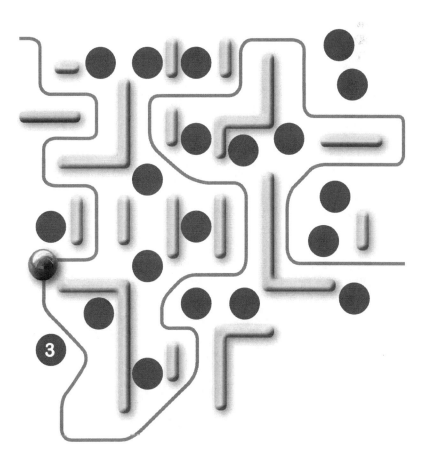

Den Fehler erkennen

Wenn Sie gerade »Fehler Nr. 2: Versuchen, andere zu kontrollieren« gelesen haben, dann erscheint Ihnen dieses Kapitel auf den ersten Blick vielleicht redundant. Die beiden Kapitel gehören in der Tat zusammen, da Machtkämpfe typisch für Menschen sind, die dazu neigen, andere zu kontrollieren. Trotzdem lohnt es sich, Machtkämpfe genauer zu betrachten.

Wenn Sie über Machtkämpfe nachdenken, sollten Sie eines nicht vergessen: Es gehören immer zwei dazu! Sobald einer der Beteiligten sich weigert, den Fehdehandschuh aufzunehmen, läuft die Auseinandersetzung ins Leere. Wer einen Machtkampf vom Zaun brechen will, braucht immer eine zweite Person, die ihrerseits Öl ins Feuer gießt. Wenn ich die Herausforderung annehme, liefere ich den Brennstoff, der das Feuer nährt. Je mehr ich mich auf den Machtkampf einlasse, umso mehr Öl gieße ich ins Feuer, sodass die Flammen immer höher schlagen.

Auch wenn es uns meist nicht bewusst ist: Oft sind es wir Lehrer, die sich auf den Machtkampf einlassen und den Brennstoff liefern, damit sich das Feuer überhaupt entzünden kann. Manchmal gießen wir sogar weiter Öl ins Feuer. Es steht in unserer Macht. Wir können uns dafür entscheiden, das Feuer anzuheizen oder es zu ersticken. Je nachdem, wie wir uns entscheiden, wird die Flamme verkümmern oder auflodern. Dieser Vergleich mag vielleicht etwas einfach klingen, aber er trifft den Nagel auf den Kopf. Schüler versuchen immer wieder, uns in Machtkämpfe zu verwickeln, aber es liegt in unserer Hand, ob es so weit kommt. Der entscheidende Faktor ist unsere Reaktion.

Leider sind es nicht immer die Schüler, die Machtkämpfe anzetteln. Aber die meisten Schüler nehmen die Herausforderung gern an. Werfen Sie ihnen nicht den Fehdehandschuh hin, und nehmen Sie ihn umgekehrt nicht auf, wenn ein Schüler Sie herausfordert!

Denken Sie immer daran, dass manche Dinge einfach nicht verhandelbar sind. Wenn etwa Regeln und Methoden konsequent und effektiv durchgesetzt werden, sollte es (abgesehen von extremen Ausnahmefällen) keinen Verhandlungsspielraum geben. Sobald ein

Lehrer sich auf eine Diskussion über etwas einlässt, was längst festgelegt ist, folgt in der Regel ein Machtkampf auf dem Fuße.

Kinder brauchen Grenzen. Wenn diese Grenzen nicht eindeutig sind, versuchen Schüler, sie zu überschreiten. Es ist die Aufgabe von uns Erwachsenen, eindeutige Grenzen zu ziehen, die nicht verhandelbar sind.

Frage: Woran merkt ein Schüler, dass eine Regel nicht verhandelbar ist?

Antwort: Daran, dass der Lehrer sich weigert, darüber zu diskutieren!

 Beispiel für den Fehler

Vor Kurzem habe ich beim Einkaufen eine Mutter und ihre zwei kleinen, lauten Zwillinge beobachtet. Die beiden Jungs liefen neben dem Einkaufswagen her. Ich war hinter ihnen, und da an diesem Tag ziemlich viele Leute einkaufen waren, kam ich nicht an ihnen vorbei. Alle paar Meter holte einer von beiden irgendeinen Artikel aus dem Regal und legte ihn in den Wagen. Jedes Mal begann die Mutter zu zetern und bestand darauf, dass sie den Artikel zurücklegten. Jedes Mal bettelten und quengelten die Jungs: »Aber warum kann ich das nicht haben?«

Die Mutter ging auf jede Frage ein, aber jede Antwort zog nur die nächste Frage der Jungs nach sich. Die Jungs murrten, und die Mutter schimpfte und schrie. Das ging immer so weiter, bis es mir mehrere Gänge später irgendwo zwischen dem Dosengemüse und dem Gefrierregal endlich gelang, mich an ihnen vorbeizudrängen und dem Schauspiel zu entkommen.

Ich hatte soeben zwei Kinder beobachtet, die ihre Mutter voll und ganz unter Kontrolle hatten. Sie hatten ihr den Fehdehandschuh hingeworfen, und sie hatte sich auf den Machtkampf eingelassen. Ich nehme an, dass das Geschrei bis zum Parkplatz und auf dem gesamten Nachhauseweg so weiterging. Außerdem vermute ich, dass die Mutter den Zwillingen mit Strafen drohte, sobald sie erst einmal zu Hause seien oder »falls das noch einmal vorkommt!« Und ich gehe davon aus, dass es sich dabei um leere Drohungen handelte, da es für mich als Beobachterin nicht so aussah, als wäre es das erste Mal gewesen, dass die Jungs ihrer Mutter beim Einkaufen das Leben schwergemacht hatten.

 Den Fehler korrigieren

Wahrscheinlich haben Sie sich beim Lesen dieses Beispiels gedacht, dass das im Supermarkt auch Sie gewesen sein könnten. (Bestimmt haben Sie mit Ihren Kindern solche Situationen auch schon erlebt.)

Doch wie Sie wissen, verwandeln sich eben diese kleinen Teufel in wahre Engel, wenn sie in der Schule sind. Die Lehrerin schwärmt geradezu davon, wie wohlerzogen sie sind. Was macht diese Lehrerin anders als Sie? Wie können Sie (als Mutter, Vater oder Lehrer) den Fehler abstellen, wenn er sich zu solch gewaltigen Ausmaßen ausgewachsen hat?

1. Gestehen Sie sich das Problem ein, und übernehmen Sie die Verantwortung dafür.
2. Machen Sie sich bewusst, dass nur Sie dieses Problem lösen können. Kurzfristig könnten Sie sich vielleicht Erleichterung verschaffen, indem Sie das Problem an den Papa oder die Schulleiterin weitergeben, aber letztlich wird es wieder bei Ihnen landen, und Sie werden nicht darum herumkommen, sich damit zu befassen.
3. Überlegen Sie, was Sie in bestimmten Situationen unter angemessenem Verhalten verstehen.
4. Besprechen Sie das Problem, entweder mit Ihren Kindern zu Hause oder mit Ihren Schülern im Klassenzimmer. Seien Sie freundlich, aber bestimmt. Erklären Sie, was Ihnen wichtig ist (nennen Sie die Regeln und die Folgen bei Regelverstößen). Demonstrieren Sie, worauf es Ihnen ankommt. Lassen Sie die Schüler üben. Loben Sie sie überschwänglich. Greifen Sie korrigierend ein, wenn es nötig ist. Es darf auch gelacht werden!
5. Machen Sie sich an die Umsetzung und bleiben Sie *konsequent*! Ohne Konsequenz wird es nicht funktionieren. Vergessen Sie nicht, dass es ausschließlich an Ihnen liegt, ob die Regeln kon-

sequent angewendet werden. *Lassen Sie sich auf keine Diskussionen ein.* Sorgen Sie dafür, dass die Sanktion (Rudolf Dreikurs verwendet den etwas sperrigen Begriff der »logischen Folge«, um den Unterschied zur »Strafe« zu betonen) möglichst zeitnah auf das »Vergehen« folgt. Wenn Sie die Gelegenheit verpassen, schaffen Sie damit einen Präzedenzfall – und wiederholen damit den Fehler, der Sie überhaupt erst in diese missliche Lage gebracht hat.

6. Nehmen Sie gleichzeitig zur Kenntnis, wenn Schüler sich an die Regeln halten, und loben Sie sie dafür. Betonen Sie, wie stolz Sie auf sie sind. Erzählen Sie das im Beisein der Kinder auch den Eltern und anderen Lehrern. Grundsätzlich spricht nichts dagegen, den Schülern eine konkrete Belohnung zu geben, wenn Sie das möchten. Aber machen Sie sich bewusst, dass das nicht immer nötig ist. Ich habe meinen Schülern selten eine Belohnung gegeben. Die schönste Belohnung war, wenn ich ihnen gedankt und sie gelobt und wertgeschätzt habe. Gegen eine Kleinigkeit von Zeit zu Zeit ist jedoch nichts einzuwenden.

 Den Fehler vermeiden

Stellen Sie sich die beiden Zwillinge im Klassenzimmer einer Lehrerin mit klar definierten Grenzen vor. Diese Lehrerin ist freundlich, aber bestimmt. Sie spricht leise, hat aber immer alles unter Kontrolle. Sie ist eine Lehrerin, die klare Regeln und Arbeitsabläufe etabliert hat. Sie ist die Lehrerin, die offenbar jedes Jahr die »netten« Klassen bekommt.

Anders als die Mutter im Supermarkt hat es diese Lehrerin nicht mit zwei Sechsjährigen zu tun, sondern mit 26. Diese Lehrerin macht mit ihren Schülern Exkursionen in die Bibliothek oder ins Museum. Vor *jedem* Ausflug achtet sie darauf, klare Regeln und Abläufe sowie entsprechende Sanktionen und Belohnungen festzulegen. Sie bringt ihren Schülern bei, ob, wann und wie sie bestimmte Dinge tun dürfen, und macht deutlich, was passiert, wenn die Schüler sich nicht an das »ob«, »wann« und »wie« halten.

Diese Lehrerin ruft ihren Schülern die Regeln immer wieder ins Gedächtnis, und sie spricht ihnen bei jeder Gelegenheit Dank und Anerkennung aus. Sie lobt das tadellose Betragen ihrer Schüler vor Eltern und Kollegen in den höchsten Tönen. Sie lässt sich mit Schülern niemals auf einen Machtkampf oder auf eine Diskussion über eine Regel ein, die sie eindeutig als nicht verhandelbar bezeichnet hat. Diese Lehrerin zieht sofort die Konsequenzen, wenn eine Regel gebrochen wird. Sie wird niemals laut, sondern bleibt in jeder Situation ruhig und gefasst. Würde man dieser Lehrerin und ihren Kindern in den Gängen eines Supermarktes begegnen, dann würde das keinen Fluchtreflex auslösen, sondern Bewunderung!

Wie können wir es vermeiden, in einen Machtkampf mit Schülern verwickelt zu werden? Die Antwort klingt ziemlich simpel: einfach nicht darauf einlassen! Aber gehen wir einen Schritt weiter. Wie können wir die Möglichkeit, dass Schüler (oder unsere eigenen Kinder) überhaupt versuchen, uns in Machtkämpfe zu verwickeln, von vornherein praktisch ausschließen? Das sollte unser eigentliches Ziel sein. Wäre es nicht wunderbar, wenn sich gar keine Gelegenheiten böten, einen Machtkampf vom Zaun zu brechen? Hier kommen ein paar Tipps, wie man genau das erreichen kann:

1. Sorgen Sie für eindeutig definierte Regeln und Abläufe.
2. Setzen Sie Grenzen, bei deren Überschreitung Sanktionen drohen.
3. Diskutieren Sie über alle Aspekte dieser Grenzen beziehungsweise Regeln. Sie sollten sie klar formulieren, einüben und dann genau wie besprochen umsetzen. (Versuchen Sie Sanktionen zu finden, die möglichst zeitnah erfolgen können.)
4. Wenn das Verhalten eines Kindes das Verhängen einer Sanktion erfordert, dann sollte dies so schnell wie möglich geschehen.
5. Verhängen Sie die Sanktion jedes Mal. So lernen Ihre Schüler, ob Ihre Grenzen unverrückbar oder dehnbar sind!
6. Verhängen Sie die Sanktion freundlich, aber mit Bestimmtheit. Wenn Sie anfangen zu diskutieren, haben Sie schon verloren!
7. Belohnen Sie Ihre Schüler, wenn Sie sich an die Vereinbarungen halten. Denken Sie daran, dass eine Belohnung kein konkreter Gegenstand sein muss. Die besten Lehrer sprechen Schülern

Anerkennung und Lob aus und loben es im Beisein des Kindes auch vor anderen. Oft ist das für Schüler die schönste Belohnung überhaupt.

8. Haben Sie eine konkrete Belohnung in Aussicht gestellt, dann verteilen Sie die Belohnung nicht, wenn die Schüler sie nicht verdient haben! Oft haben Lehrer Mitleid mit einem Schüler, der gegen eine Regel verstoßen hat, und geben ihm die Belohnung trotzdem. Wenn Sie das tun, verlieren Sie Ihre Autorität – Sie geben sie ab an das Kind.

Denken Sie immer daran: In einer Situation, die nicht verhandelbar ist, wird nicht verhandelt. So einfach ist das. Wenn für einen Verstoß eine Sanktion vorgesehen ist, dann verhängen Sie sie auch. Lassen Sie nicht mit sich feilschen, sonst glauben die Schüler, sie könnten jedes Mal mit Ihnen verhandeln oder feilschen. Seien Sie konsequent. Es steht ganz in Ihrer Macht, ob Sie Ihre Regeln konsequent umsetzen oder nicht.

 Quintessenz

Zu Machtkämpfen kommt es, wenn zwei Menschen der Meinung sind, dass eine Frage verhandelbar sei. Wenn jemand nicht über die nötigen Fähigkeiten verfügt, um so zu verhandeln, wie es unter Erwachsenen üblich ist, dann behilft er sich unter Umständen damit, dass er laut wird, sein Gegenüber beschimpft, ihm Vorwürfe macht und so weiter – was letztlich nur verhindert, dass das Problem gelöst wird.

Fehlen die Fähigkeiten, die zur Lösung eines Problems nötig sind, dann kommt es zwischen den Kontrahenten zu einem Machtkampf (daher das Herumschreien, die Beschimpfungen, die Vorwürfe). Die Wahrheit ist: In Lehrer-Schüler- und Eltern-Kind-Beziehungen gibt es Dinge, die nicht verhandelbar sind!

Viele Kinder haben nie gelernt, mit unterschiedlichen Standpunkten umzugehen. Allzu oft bekommen sie zu Hause – und leider auch in der Schule – dafür die falsche Strategie vorgeführt. Sie haben viel zu viele Erwachsene bei einem unangemessenen Umgang mit Konflikten beobachtet, und sie kennen nichts anderes. Lehrer dürfen sich *niemals*, unter keinen Umständen, auf Machtkämpfe mit ihren Schülern einlassen.

Eigentlich ist es ganz einfach. Es gehören immer zwei dazu. Schüler werden immer versuchen, Sie in Machtkämpfe zu verwickeln. Daran ist nichts zu ändern. Aber Sie haben die Wahl: Nehmen Sie die Herausforderung an, so kommt es zum Kampf. Es ist ein Kampf, den Sie nicht gewinnen können. Bei einem Machtkampf gibt es keinen Sieger, sondern immer nur Verlierer – auf beiden Seiten. Lassen Sie sich nie dazu hinreißen, Ihre Truppen in eine aussichtslose Schlacht zu schicken.

Fehler № 4

Schülerverhalten persönlich nehmen

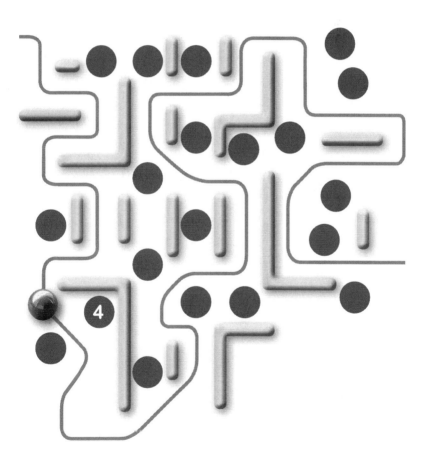

Den Fehler erkennen

Egal, wie alt sie sind und wie groß der Altersunterschied ist: Lehrer und Schüler sehen die Welt nicht durch die gleiche Brille. Inhalte, die Lehrer für wichtig halten, erscheinen Schülern bisweilen als vollkommen bedeutungslos. Wenn Lehrer diese negative Sicht als persönlichen Angriff missdeuten, dann ist an ein effektives Unterrichten und Lernen oft nicht mehr zu denken.

Ich erinnere mich noch gut an einen Fall aus meiner Anfangszeit als Lehrerin. Einige meiner Schüler sagten mir damals ohne Umschweife ins Gesicht, sie würden Schreiben »hassen«. Ich war entsetzt. Ich war schließlich ihre Englischlehrerin. Sie mussten schreiben. Für mich war Schreiben etwas Wunderbares, und diese Liebe zum Schreiben wollte ich auch meinen Schülern vermitteln. Wenn sie Schreiben hassten, dann stimmte etwas nicht mit ihrer Lehrerin. Mit *mir*!

Ich nahm mir ihre Worte zu Herzen und fühlte mich persönlich gekränkt. Es fühlte sich nicht gut an, und ich war todunglücklich. Als ich in der Therapie mein Herz ausschüttete (wobei die Therapeuten meine Kollegen waren, die an diesem Tag zufälligerweise gerade im Lehrerzimmer saßen), erhielt ich von einer überaus klugen, erfahrenen Kollegin, folgende Antwort – und von einem Augenblick zum nächsten sah ich meine Aufgabe als Lehrerin mit ganz neuen Augen:

»Denk immer daran, dass ›Hass‹ meistens ein Synonym für ›Angst‹ ist. Dinge, die wir noch nicht beherrschen oder geschafft haben, machen uns oft Angst. Wir sind nicht gut darin, und darum ›hassen‹ wir sie. Denk an all die Dinge, in denen du nicht gut bist. Ich wette, du tust sie äußerst ungern. Sie machen dir einfach keinen Spaß.«

Dann zählte sie ein paar Beispiele auf, die auf mich und meine Schüler zutreffen könnten. Mir ging ein Licht auf. Sie hatte recht!

»Kinder, die nicht gut im Lesen sind«, fuhr sie fort, »lesen meistens ziemlich ungern. Unsportliche Kinder hassen Sportstunden. Erwachsene wie wir, die nicht gut in Form sind, hassen Bewegung.« Was sie da sagte, gab mir ziemlich zu denken. »Und was soll ich mit diesen Schülern anfangen?«, fragte ich sie.

»Erlaub ihnen, erfolgreich zu sein!«, antwortete sie. »Nur so kannst du sie für etwas begeistern. Gib ihnen eine kleine Kostprobe davon, was es heißt, erfolgreich zu sein – und sie wollen mehr. Aber achte darauf, dass es ein Erfolg nach ihren eigenen Maßstäben ist. Nicht nach deinen Maßstäben, nicht nach meinen und auch nicht nach den Maßstäben der anderen Schüler in ihrer Klasse. Wir lernen immer auf dem Niveau, wo wir gerade stehen. Wichtig ist«, fügte sie hinzu, »dass sie nicht auf diesem Niveau stecken bleiben. Stell ihnen immer schwierigere Aufgaben, sodass auf das erste Erfolgserlebnis immer neue auf immer höherem Niveau folgen, bis sie dort angelangt sind, wo du sie hinhaben willst, oder zumindest annähernd dort. Darum geht es beim Unterrichten. Du darfst das nicht persönlich nehmen. Also hör auf zu jammern, und mach dich wieder an die Arbeit!«

An jenem Tag habe ich damit aufgehört, Dinge persönlich zu nehmen. Ich habe diese klugen Worte niemals vergessen. Ich habe hinter dem »Hass« einfach die »Angst« gesehen und mich dann daran gemacht, meinen Schülern Erfolgserlebnisse zu ermöglichen. Wenn man Kindern die Angst nimmt, indem man ihnen Erfolgserlebnisse verschafft, verschwindet das Wort »hassen« aus ihrem Wortschatz!

 Beispiel für den Fehler

Sie haben eine tolle Stunde geplant. Es ist ein schöner Tag, und Sie freuen sich auf die Stunde, denn Sie wissen: Alle Ihre Schüler werden begeistert sein und eifrig mitmachen. Der Gong ertönt, und alle sitzen auf ihren Plätzen. Sie beginnen die Stunde mit einem breiten Lächeln und voller Begeisterung in Ihrer Stimme, als plötzlich ein Schüler in der letzten Reihe herausplatzt: »Warum müssen wir das machen?«

Sie fühlen sich gedemütigt, erniedrigt und am Boden zerstört. Es war Ihr Tag. Wie kann er es wagen, ihn kaputtzumachen? Sie zu kritisieren, nachdem Sie sich so viel Arbeit gemacht haben? Ist das der Dank für Ihre Mühen? Für wen hält sich dieser miese, kleine Knilch eigentlich? Womit haben Sie solche Schüler verdient?

Seine Worte haben Sie tief getroffen, und das sieht man Ihnen an. Es kocht in Ihnen. Ihr Mund öffnet sich, und ein Wortschwall ergießt sich über Ihre Schüler, ohne den Umweg über Ihr Gehirn zu nehmen. Sie fühlen sich persönlich »angegriffen«, also schlagen Sie zurück, und ehe Sie sich's versehen, gehen Sie allen Ernstes auf die Frage des Schülers ein. Sie sind jetzt im »Gefechtsmodus«, und Ihre Worte wollen da nicht zurückstehen. Die Stunde ist zu Ende, ehe sie begonnen hat. Und das alles, weil Sie sich nicht daran gehindert haben, die Schülerfrage persönlich zu nehmen. Sie haben die Frage missverstanden und als Angriff auf Ihre Person interpretiert. Die Folgen waren abzusehen.

 Den Fehler korrigieren

Schauen wir uns an, wie die Alternative dazu aussieht, die Frage »Warum müssen wir das machen?« persönlich zu nehmen. Anstatt die Bemerkung als persönlichen Angriff zu betrachten und in einen Machtkampf über die Frage einzutreten, warum der Stoff relevant ist, machen Sie eine kurze Denkpause, und stellen Sie sich die folgenden Fragen:

1. Habe ich einen Bezug zwischen den Lerninhalten und der Lebenswelt der Schüler hergestellt?
2. Ist der Stoff dem Lernniveau der Schüler angemessen, oder haben sie ohnehin eine Abneigung dagegen, weil sie wissen, dass sie nicht gut darin sind?

Stellen Sie dann dem Schüler die Gegenfrage: »Warum fragst du?« Akzeptieren Sie seine Antwort und fragen Sie, was der Rest der Klasse dazu meint. Diskutieren Sie mit der ganzen Klasse. Dadurch merken die Schüler, dass Ihnen ihre Meinung wichtig ist, und werden in Bezug auf die geplante Stunde sehr viel offener sein.

Die größte Herausforderung, vor der ich im Lauf meines Berufslebens stand, war eine Klasse voller Schülern mit Lernschwierigkeiten. Es handelte sich um Achtklässler, die aber von ihrem Lernstand her zwei Jahrgangsstufen zurück waren. Einige waren sogar vier oder fünf Klassen zurück. Die Herausforderung bestand darin, die Schüler durch die zentrale Vergleichsarbeit zu bringen, die natürlich für Schüler auf dem Niveau der 8. Klasse konzipiert war.

Nachdem die Mehrzahl meiner Schüler zu so ziemlich allem, was ich ihnen vorsetzte, nur »Ich hasse …« gesagt hatten, war ich kurz davor, aufzugeben. In sieben Monaten sollten die Schüler im Jahrgangsstufentest einen Aufsatz von 200 Wörtern Länge schreiben. Dabei brachten viele kaum einen ganzen Satz zustande. Ich war mir sicher, dass wir alle miteinander grandios scheitern würden.

Jeden Abend ging ich völlig erschöpft und entmutigt nach Hause. Ihre Misserfolge waren meine Misserfolge, und das nahm ich ziemlich persönlich. Dann erinnerte ich mich daran, was meine Mentorin damals zu mir gesagt hatte: »Die einzige Möglichkeit, sie dahin zu bekommen, wo du sie haben willst, besteht darin, sie dort abzuholen, wo sie gerade stehen.«

Ich machte mich also an die Arbeit, denn es gab einiges zu tun. In der nächsten Unterrichtsstunde brachte ich den Schülern bei, wie man einen ganzen Satz schreibt. Ja, Sie haben richtig gelesen: einen ganzen Satz! Ich war so sehr damit beschäftigt gewesen, ihnen das Schreiben von Aufsätzen schmackhaft zu machen, dass ich völlig übersehen hatte, warum sie so oft »Ich hasse …« sagten: Sie hatten Angst vor dem Unbekannten (sprich: einem Aufsatz). Und siehe da – nach einer einzigen Unterrichtsstunde konnten alle einen ganzen Satz schreiben. Ich lobte sie für diesen Erfolg und stellte ihnen sofort die nächstschwierigere Aufgabe.

Als Nächstes sollten sie die Kunst meistern, einen Absatz zu schreiben. Dazu war keiner meiner Schüler in der Lage. Nach mehreren Wochen intensiver Schreibübungen hatten die Schüler nicht das geringste Problem damit, einen gut durchstrukturierten Absatz zu schreiben. Sie hatten Erfolgserlebnisse, und deshalb legte sich die Angst (bzw. der Hass). Die Schüler merkten gar nicht, wie ihnen geschah.

Ich dagegen wusste ganz genau, was da vor sich ging. Wenn gelegentlich ein Schüler »Ich hasse dies« oder »Ich hasse das« sagte, bezog ich das nicht mehr auf mich. Ich hatte gelernt, diesen Satz als Signal für eine sehr viel schwierigere Aufgabe zu lesen: Ich musste den Hass beziehungsweise die Angst aus dem Weg räumen, indem ich den Schülern Erfolgserlebnisse verschaffte. Indem ich mich darauf konzentrierte, vermied ich den Fehler, die Angst oder den Hass der Schüler als Anzeichen für meine eigene Unzulänglichkeit zu betrachten.

 Den Fehler vermeiden

Wenn ich es als Lehrerin vermeiden will, das Verhalten, die Kommentare und die Anspielungen meiner Schüler persönlich zu nehmen, dann muss ich zuallererst zu der Überzeugung gelangen, dass diese niemals ein direkter Angriff auf mich sind. Auf Misserfolge reagieren Schüler oft mit Abwehrmechanismen. Und da Angriff bekanntlich die beste Verteidigung ist, wird die Lehrerin schnell zur Zielscheibe.

In solchen Situationen muss ich mir die Worte meiner Mentorin in Erinnerung rufen (»Hass ist ein anderes Wort für Angst«) und mir bewusst machen, dass ich den Schülern ihre Angst nehmen kann. Wie nehme ich ihnen die Angst? Indem ich ihnen Erfolgserlebnisse verschaffe. Wie verschaffe ich ihnen Erfolgserlebnisse? Indem ich ihnen Aufgaben stelle, die ihrem Lernniveau entsprechen, ihre Leistungen sehe und anerkenne und ihnen dann die nächstschwierigere Aufgabe stelle. Jedes Erfolgserlebnis trägt das nächste bereits in sich.

In der ersten Stunde zu Beginn eines Schuljahres habe ich meine Schüler immer eine Liste mit Dingen aufschreiben lassen, die sie hassten (sprich: vor denen sie Angst hatten, aber so habe ich das ihnen gegenüber nicht genannt). Ich habe ebenfalls eine solche Liste erstellt, und dann haben wir sie ausgetauscht und darüber gesprochen. Offen gestanden habe ich diese Übung nicht nur für meine Schüler gemacht, sondern auch für mich.

Außerdem war es ein wunderbares Kennenlernspiel zu Schuljahresanfang. Es war lustig, interessant, spannend und manchmal auch ernüchternd. Oft stellten wir dabei fest, dass andere die Gefühle teilten, von denen wir ihnen berichteten. Es war gewissermaßen die

Geburtsstunde unserer »Familie«. Und je mehr wir wie eine große Familie wurden, desto seltener kam es zu persönlichen Angriffen.

 Quintessenz

- Oft sagen Schüler »Ich hasse ...«, wenn sie eigentlich meinen: »Ich habe Angst vor ...«
- Vergessen Sie nie, dass es nur menschlich ist, Situationen zu fürchten (oder zu hassen), von denen wir nicht sicher sind, sie erfolgreich zu meistern.
- Vergessen Sie die Sätze, die mit »Ich hasse ...« beginnen. Konzentrieren Sie sich darauf, den Schülern die Angst zu nehmen, indem Sie ihnen Erfolgserlebnisse verschaffen.
- Unterrichten Sie Schüler auf ihrem jeweiligen Lernniveau, so niedrig es Ihnen auch vorkommen mag.
- Seien Sie freigebig mit Lob.
- Jedes Erfolgserlebnis trägt das nächste bereits in sich. Ein kleines Erfolgserlebnis kann die Grundlage für große Leistungen sein.

Fehler №5

Keinen Bezug zur Lebenswelt der Schüler herstellen

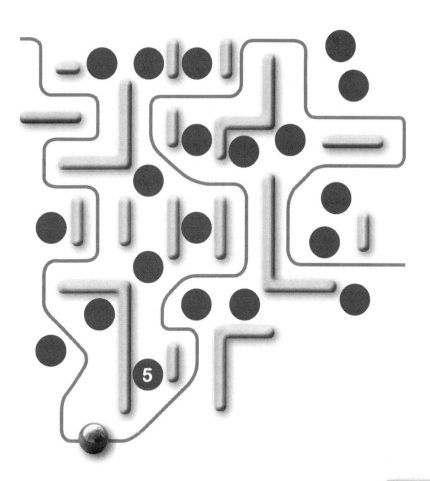

Den Fehler erkennen

Schüler müssen das Gefühl haben, dass der Lernstoff irgendeine Bedeutung für ihr Leben hat. Sie müssen das Gefühl haben, dass sie ihn auch außerhalb des Klassenzimmers anwenden können. Wie sollen sie beispielsweise etwas mit historischen Daten anfangen können, wenn sie nicht wissen, wie die langfristigen Auswirkungen dieser Ereignisse heute noch spürbar sind? Wie sollen sie die Notwendigkeit sehen, unbekannte Wörter zu lernen, wenn ihnen diese Wörter nicht im Zusammenhang nahegebracht werden? Wie sollen ihnen mathematische Formeln relevant erscheinen, wenn diese Formeln nicht auf eine reale, alltägliche Situation angewendet werden?

Im wirklichen Leben ist Lernen immer ein interaktiver Prozess. Lernen ist das Ergebnis von Erfahrungen. Verstanden haben wir etwas erst, wenn wir es ausprobiert haben, gescheitert sind und einen neuen Anlauf genommen haben. Wir machen Fehler, korrigieren uns und versuchen, es beim nächsten Mal besser zu machen. Jede Aufgabe, jeder Anlauf und jede neue Klippe enthält eine Lektion, bei der wir etwas Wichtiges lernen können. Wäre dem nicht so, wären alle unsere Mühen vergebens und für unser Leben letztlich irrelevant. Wenn uns etwas irrelevant erscheint, hat es offenbar keine Bedeutung für unser Leben. Und was keine Bedeutung hat, dem schenken wir, wenn überhaupt, wenig Beachtung.

Unterrichten mit Lebensweltbezug bedeutet schlicht, eine Verbindung zwischen dem Stoff und dem Leben der Lernenden herzustellen. Der Lehrer versucht, eine Verbindung zum richtigen Leben herzustellen, um die Neugierde der Schüler zu wecken. Er wagt sich über das Schulbuch hinaus auf das Terrain des wirklichen Lebens vor. (Ein Schulbuch ist eine wunderbare Richtschnur und Ergänzung, aber es ersetzt nicht den Lehrer.) Eine für das Leben der Schüler relevante Unterrichtsstunde ist kreativ, einzigartig, interessant, spannend, sinnvoll und lustig. In einer solchen Stunde ist kein Platz für Langweiliges und Überflüssiges, denn im richtigen Leben ist alles in steter Veränderung.

Im wirklichen Leben wenden wir unsere Aufmerksamkeit aus unterschiedlichen Gründen einer bestimmten Sache zu, aber selten, weil es jemand von uns verlangt. Dasselbe gilt für den Unterricht. Finde ich als Schüler, gleich welchen Alters, etwas meiner Aufmerksamkeit wert,

- weil es von jemandem kommt, dem ich vertraue (einem Lehrer, einem Freund, einem Verwandten)?
- weil es in den Medien für interessant erklärt wird?
- weil ich weiß, dass das von Kindern meines Alters erwartet wird?
- weil es nächste Woche in der Prüfung abgefragt wird?
- weil ich es zu Hause fertig machen muss, wenn ich im Unterricht nicht damit fertig werde?
- weil ich es als relevant für mein Leben betrachte?

Wenn Sie sich für die letzte Antwort entschieden haben, dann haben Sie verstanden, warum wir etwas lernen. Dann ist Ihnen klar, wie man Interesse für ein Thema weckt. Dann wissen Sie, dass Schüler dann für das Lernen offen sind, wenn sie sich der Relevanz eines Themas bewusst sind und es mit bereits Gelerntem verknüpfen wollen. Anders ausgedrückt: Wenn Sie meine Aufmerksamkeit fesseln wollen, müssen Sie irgendeinen Bezug zwischen dem Stoff und meinem Leben herstellen. Nur dann werde ich ihn lernen und behalten, anstatt ihn nur auswendig zu lernen und wieder zu vergessen.

Leider unterrichten viele von uns so, wie wir selbst unterrichtet wurden:

- Wir rattern Daten, Fakten und Formeln herunter.
- Die Schüler machen sich Unmengen von Notizen (oft nichts weiter, als Wörter aus einem Text in den anderen zu überführen).
- Wir lassen die Schüler den Stoff kapitelweise lesen und Fragen dazu beantworten.
- Wir stellen ihnen so viele Aufgaben, dass ihre Hände stundenlang beschäftigt sind und ihr Mund geschlossen bleibt.
- Wir versorgen sie mit Beispielfragen und -antworten, damit sie sich auf die Prüfung vorbereiten können – man muss nur die Beispielfragen studieren, dann hat man den Stoff »gelernt«.
- Wir geben ihnen stapelweise Arbeitsblätter, die sie in einer bestimmten Zeit ausfüllen sollen. Und wir halten noch ein paar mehr bereit für diejenigen, die schneller fertig sind.

Und trotz alledem sind manche Schüler immer noch faul, apathisch und teilnahmslos. Uns ist unverständlich, wie man so desinteressiert sein kann. Uns graut vor so viel Lethargie und Faulheit. Wir fragen uns, was mit den Eltern los ist. Wir überlegen, wo diese Teilnahmslosigkeit nur herrühren könnte – und unterrichten weiter wie immer. Alles bleibt beim Alten, und wir verstehen nicht, warum.

8 Tipps, wie Sie Unterrichtsstunden lebensnah gestalten

1. Denken Sie daran: Sie sind der Lehrer. Alle Materialien (Schulbuch, Arbeitsblätter, Lernsoftware) sind nur ergänzende Hilfsmittel. Sie werden erst lebendig, wenn Sie ihnen Leben einhauchen.
2. Stellen Sie zu Beginn einer Stunde (jeder Stunde!) einen Bezug zum realen Leben her, und zwar zur Lebenswelt der Schüler.
3. Erzählen Sie Ihren Schülern Geschichten, die sie nachempfinden können. Dabei spielt es keine Rolle, ob die Geschichte einem anderen Kind passiert ist, Ihnen oder jemandem, den die Schüler nicht kennen. Wenn die Schüler sich in irgendeiner Weise damit identifizieren können, dann »haben« Sie sie!
4. Ermuntern Sie die Schüler, Verbindungen zwischen dem Text und ihrem Leben, bereits gelesenen Texten und der Welt insgesamt herzustellen.
5. Setzen Sie, wenn irgend möglich, auf Handlungsorientierung. Schüler lernen besser, wenn sie aktiv tätig werden können. Sie sind dann viel konzentrierter und disziplinierter.
6. Suchen Sie Lernorte außerhalb des Klassenzimmers: Schon ein Ausflug auf den Schulhof, um einen bestimmten Aspekt einer Unterrichtsstunde zu verdeutlichen, kann Wunder wirken.
7. Schauen Sie sich an, wie Sie Ihren eigenen Kindern bestimmte Dinge beigebracht haben, und nutzen Sie diese Strategien im Unterricht. Im richtigen Leben brauchen wir ja auch kein Schulbuch und keine Arbeitsblätter. Wir machen einfach!
8. Vergessen Sie nicht, dass es zwischen den einzelnen Fächern vielfältige Bezüge gibt. Zum Beispiel können Sie Historisches einbeziehen, wenn Sie eine Deutschstunde planen. Oder Sie können in den Fächern Werken, Musik oder Sport mathematische Konzepte in lebensnahem Kontext vermitteln.

(Vergl. dazu mein Buch »How to Reach and Teach ALL Students – Simplified«)

Beispiele für den Fehler

Erinnern Sie sich an die »Vokabelstunden« aus Ihrer Schulzeit? Ich schon. So gut, dass ich sie in meinen eigenen Unterricht integrierte, genau wie ich es von meinen Lehrern her kannte. Damals unterrichtete ich Englisch in der Mittelstufe. Jeden Montag lief die Englischstunde in meinen Klassen nach dem immer gleichen Schema ab:

1. Holt eure Hefte heraus und tragt das heutige Datum ein.
2. Holt euer Schulbuch heraus.
3. Holt euer Wörterbuch heraus.
4. Schreibt die Wörter des Tages von der Tafel ab.
5. Was ihr im Unterricht nicht schafft, müsst ihr zu Hause fertig schreiben.

Das war alles. Kein Unterricht! Kein Lernen!

Aber das war natürlich nicht meine Absicht. Ich glaubte tatsächlich, dass ich mit meinen Schülern keinen Text lesen konnte, solange sie die Bedeutung unbekannter Wörter nicht gelernt hatten. Da ich versäumt hatte, einen Bezug zum richtigen Leben herzustellen, waren alle Montagsstunden in meinen Klassen reine Zeitverschwendung. Denn die Schüler lernten wenig bis gar nichts.

Vor Kurzem sah ich einem jungen Mathematiklehrer dabei zu, wie er versuchte, seinen Schülern die Formel beizubringen, mit der man den Umfang eines Kreises berechnen kann. Er stand an der Tafel und deutete abwechselnd auf einen Kreis und die Formel. Die Schüler setzten für Kreise unterschiedlicher Größe unterschiedliche Zahlen in die Formel ein. Es wirkte geradezu roboterhaft. Ich fragte mich, ob die Schüler irgendeine Ahnung davon hatten, wozu das alles gut war. Ihren Gesichtern nach zu urteilen eher nicht.

Dieses Erlebnis ließ mich zurückdenken an die vielen Tage, an denen ich ähnliche Stunden über mich ergehen lassen musste. Wie oft habe ich mich gefragt, ob und wozu ich das jemals brauchen würde! Die Antwort erhielt ich erst viele Jahre später, als ich meine Liebe zum Gärtnern entdeckte. Da merkte ich, dass viele Formeln, die ich vor Jahren gelernt hatte, tatsächlich zu etwas nütze waren.

Das Problem war nur, dass ich mich nicht an sie erinnern konnte, weil ich sie nie richtig gelernt hatte. Ich hatte sie vor einer Prüfung auswendig gelernt und vermutlich ganz gut abgeschnitten. Aber da mir niemand erklärt hatte, was sie mit dem wirklichen Leben zu tun haben, hatte ich sie schnell wieder vergessen. Es bestand ja gar kein Grund, sie mir für die Zukunft einzuprägen, weil ich mir damals keine Situation vorstellen konnte, in der ich sie brauchen könnte.

 Den Fehler korrigieren

Nachdem ich einige Jahre lang Vokabelstunden durchgeführt hatte, begann ich irgendwann, ihren Wert infrage zu stellen.

- Lernten die Schüler in diesen langen, langweiligen Stunden überhaupt etwas?
- Gab es andere Möglichkeiten, Schülern die Bedeutung neuer Wörter beizubringen?
- Wurde ich meiner Aufgabe als Lehrerin wirklich gerecht, indem ich die Schüler einfach an ihr Wörterbuch verwies?
- Muss man wirklich die Bedeutung jedes einzelnen Wortes kennen, bevor man einen Text liest?
- Könnte es nicht sein, dass die Schüler sich die Bedeutung ihnen unbekannter Wörter aus dem Kontext erschließen? Tun wir nicht genau das im richtigen Leben?

Es ist mir ziemlich peinlich, das zuzugeben, aber bis zu jenem Tag hatte ich einfach nie darüber nachgedacht. Als ich einmal damit angefangen hatte, änderte sich mein Unterricht von Grund auf. Warum, fragte ich mich, sollte ich schwierige Wörter und alles andere nicht so unterrichten, wie ich es meinem eigenen (oder jedem anderen) Kind in einer realen Situation beibringen würde?

Wenn ich einer Freundin einen Roman empfehlen würde, den ich vor Kurzem gelesen habe, würde ich ihr dann nahelegen, ein Arbeitsblatt zu 25 neuen Wörtern auszufüllen, bevor sie mit dem Lesen beginnt? Was für eine absurde Vorstellung! Auf diesen Gedanken käme ich selbst dann nicht, wenn in diesem Buch etliche Wörter vorkämen, die mir unbekannt waren und auch meiner Freundin unbekannt sein könnten. Ich weiß schließlich, dass ich beim Lesen eines Romans auf schwierige Stellen stoße, die ich unter Umständen zweimal lesen muss. Wenn mir beim Lesen ein unbekanntes Wort begegnet, wende ich eine der folgenden Strategien an:

- Wenn es für den Gesamtzusammenhang nicht entscheidend ist, überlese ich es einfach.
- Ich suche nach Hinweisen in der Art und Weise, wie der Autor das Wort im Kontext verwendet.
- Falls mein Wissensdurst durch keine dieser Strategien gestillt wird, hole ich mein gutes altes Wörterbuch hervor und schlage das Wort nach.

Was spricht dagegen, diese Strategien im Unterricht genau so zu vermitteln, wie wir sie auch im realen Leben anwenden würden? Stellen Sie sich folgende Interaktion zwischen einem Lehrer und seiner Schulklasse vor:

Lehrer: »Schlagt in eurem Buch die Geschichte auf Seite 27 auf. Lesen wir gemeinsam den ersten Absatz.« (Nach dem Lesen folgt eine kurze Diskussion. Der Lehrer erzählt eine ähnliche Begebenheit, die er selbst einmal erlebt hat, einige Schüler erzählen Beispiele aus ihrer Erfahrung.)

Lehrer: »Gehen wir von dem wenigen aus, was wir wissen: Was, meint ihr, passiert als Nächstes?«

Schüler: Einige antworten.

Lehrer: »In Zeile 3 kommt ein ziemlich schwieriges Wort vor. Wer kann uns eine Definition für dieses Wort geben?«

Schüler: Mehrere geben logische, einige unlogische Antworten. (Der Lehrer schreibt alle an die Tafel. Die Schüler diskutieren, und der Lehrer wischt alle Antworten weg, die nach allgemeiner Übereinkunft unzutreffend sind. Zwei bleiben übrig.)

Lehrer: »Nachdem wir nun die Möglichkeiten auf zwei eingeschränkt haben, sollten wir nachschauen, was das Wörterbuch dazu sagt.«

Schüler: Alle schlagen das Wort in ihrem Wörterbuch nach.

Lehrer: »Wie ich sehe, gibt es vier Definitionen für das Wort. Welche ist eurer Meinung nach hier die richtige?«

Schüler: Antworten und diskutieren, bis sie sich auf die richtige Definition geeinigt haben und der Lehrer diese bestätigt.

Lehrer: »Halten wir das in unserem Heft fest.«

Beachten Sie, dass die Schüler auch hier ein Wörterbuch benutzen und die Definition in ihr Heft übertragen. Aber jetzt hat ihr Tun eine Bedeutung. Sie haben jetzt verstanden, was sie da aufschreiben. Das schriftliche Festhalten dient der Verstärkung, nicht als sinnlose Beschäftigung (wie in meinen unsäglichen Vokabelstunden).

Schauen wir uns jetzt an, wie der Mathematiklehrer (aus dem obigen Beispiel) in seine Stunde zur Umfangsberechnung von Kreisen einen Bezug zum richtigen Leben hätte einbauen können.

Lehrer: »Ich bin heute mit euch auf den Schulhof gegangen, weil ich mit euch rings um die kürzlich eingepflanzten Bäume Blumen anpflanzen will. Diese alten Backsteine nehmen wir als Begrenzung. Bevor wir mit dem Pflanzen beginnen, müssen wir alles vorbereiten. Heute sollt ihr ausrechnen, wie viele Backsteine wir brauchen, damit wir um jeden Baum einen Kreis legen können. Dazu müsst ihr Folgendes tun.« (Der Lehrer teilt die Schüler in Vierergruppen ein. Jede Gruppe wird einem Baum zugeteilt. Der Lehrer erklärt den Schülern, dass der Baumstamm den Mittelpunkt des Kreises darstellen soll. Die Schüler kennen nur den Radius, der bei jedem Baum anders ist, und sollen daraus den Kreisumfang berechnen.)

Lehrer: »Nachdem ihr den Radius kennt, könnt ihr ihn in die Formel einsetzen, um den Umfang eures Kreises zu berechnen.«

Schüler: Alle Schüler machen sich an die Berechnung und ermitteln mithilfe der neu gelernten Formel $U = 2\pi r$ den Umfang ihres Kreises.

Lehrer: »Nachdem ihr jetzt den Umfang kennt, müsst ihr genügend Backsteine zusammentragen, die ihr als Begrenzung nehmen könnt. Jeder Backstein ist 24 cm lang. Rechnet aus, wie viele Backsteine ihr für euren Baum braucht.«

Schüler: Alle Schüler lösen die Aufgabe.

Die Schüler wenden die gleiche Formel an, die seit jeher zur Berechnung eines Kreisumfangs dient. Aber wenn der Lehrer ihnen das Konzept anhand einer lebensechten Aufgabe nahebringt, steigt die Wahrscheinlichkeit enorm, dass die Schüler es behalten werden und für den Rest ihres Lebens anwenden können.

 ## Den Fehler vermeiden

Am besten können Sie diesen Fehler vermeiden, indem Sie Ihre Unterrichtsmethoden einmal genau unter die Lupe nehmen.

- Wie viele dieser Methoden würden Sie auch in einer realen Situation anwenden?
- Mit welchen können Sie die Aufmerksamkeit Ihrer Schüler am besten fesseln?
- Welche rufen bei Ihren Schülern am meisten Interesse wach?
- Welche führen dazu, dass die meisten oder sogar alle Ihrer Schüler bei der Sache bleiben?

Stellen Sie immer einen Bezug zum wirklichen Leben her, bei jedem Thema. Wählen Sie Ihre Unterrichtsmethoden so, dass sie jenen im wirklichen Leben möglichst ähnlich sind. Varriieren Sie Ihre Methoden! Redundanz führt zu Langeweile – bei Ihnen und Ihren Schülern. Hier einige Beispiele für Unterrichtsmethoden, die für ein möglichst lebensnahes Lernen und Unterrichten geeignet sind:

- Problemlösen
- Rollenspiele
- Brainstorming
- Einsatz von Graphic Organizers (grafische Darstellungen)
- Gruppenarbeit
- Geschichten erzählen

- Lernen in Kleingruppen
- offene Fragen stellen
- handlungsorientierter Unterricht
- angeleitetes Lesen
- gemeinsames Lesen
- Peer Teaching/Lernen durch Lehren
- Team Teaching
- Diskussionen
- Debattieren (Diskussion mit festen Regeln)

 Quintessenz

Wenn wir einen Bezug zwischen einem Thema und unserem Leben herstellen können, dann sind wir sehr viel eher bereit, uns damit zu befassen, weil wir konkrete Anwendungsmöglichkeiten dafür sehen. Erscheint uns etwas dagegen unwichtig für unser Leben im Hier und Jetzt, kann es sein, dass wir es als unerheblich betrachten und verwerfen. Wir haben nur dann Interesse, wenn wir einen Bezug zu einer Sache herstellen können.

Schülern dabei zu helfen ist eine sehr schwierige Aufgabe. Doch ohne einen solchen Bezug findet Unterricht in einem Vakuum statt, wobei der Lehrer unter Umständen allein in diesem Vakuum lebt, während die Schüler irgendwo im Raum schweben. Leider ist ein solches Szenario kaum geeignet, Lernprozesse zu fördern.

Keiner von uns wünscht sich, im luftleeren Raum zu unterrichten, und doch können wir in viel zu vielen Klassenzimmern genau das beobachten. Der Lehrer hat die Macht, das zu ändern. Informationen gibt es überall (in Schulbüchern, Arbeitsheften, Computerprogrammen) – aber erst der Lehrer erweckt sie zum Leben.

Schluss mit dem langweiligen Unterricht! Planen Sie Ihre Stunden so, dass die Schüler einen Bezug zu ihrem Leben herstellen können. Planen Sie Stunden, die ansprechend und spannend sind, Stunden, die zur Mitarbeit anregen und störendes Verhalten minimieren, Stunden, auf die Sie am Abend gern zurückblicken und die Sie stolz darauf machen, Lehrer zu sein.

Fehler № 6

Die Klasse nur als Ganzes ansprechen

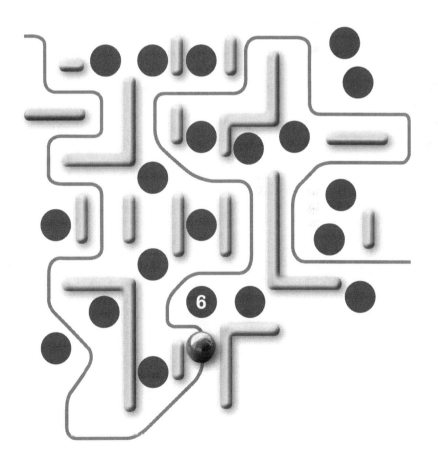

Den Fehler erkennen

Dieses Kapitel folgt ganz bewusst auf das Kapitel »Keinen Bezug zur Lebenswelt der Schüler herstellen«, denn Lehrer, die beim Unterrichten auf den Lebensweltbezug achten, achten automatisch auch auf individuelle Unterschiede. Im realen Leben wissen wir alle, dass Kinder nichts lernen, wenn wir für alle die gleiche Methode verwenden. Aber irgendwie scheinen wir das zu vergessen, sobald wir die Schwelle zu einem Klassenzimmer überschreiten (vgl. dazu mein Buch »How to Reach and Teach ALL Students – Simplified«).

Wir sind alle verschieden. Wir unterscheiden uns durch unser Äußeres, unsere Kleidung, unsere Vorlieben und Abneigungen. Wir kommen aus unterschiedlichen Familienverhältnissen. Wir gehören verschiedenen Religionen an, haben einen unterschiedlichen kulturellen Hintergrund. Niemand würde diese Tatsachen bestreiten. Ob es uns gefällt oder nicht: Die anderen sind nicht wie wir! Das gilt auch für unseren bevorzugten Lernstil, unsere Lernfähigkeit und so weiter. Wenn ich also als Lehrer alle meine Schüler auf die gleiche Art und Weise unterrichte und mich dabei auf einen Lernstil und ein begrenztes Repertoire an Unterrichtsmethoden konzentriere, dann schließe ich alle Schüler aus, deren Bedürfnisse sich von meinen oder von denen aller anderen Schüler unterscheiden.

Weil das so ist, müssen wir uns bewusst sein und akzeptieren, dass wir viele unterschiedliche Lernstile berücksichtigen müssen, indem wir in unseren Unterrichtsstunden differenzieren und auf die Bedürfnisse aller unserer Schüler eingehen. Jetzt sagen Sie vielleicht: »Aber in meiner Klasse sind 26 Schüler! Soll ich für jeden Einzelnen eine eigene Unterrichtsstunde entwerfen?« Natürlich nicht. Das wäre an keiner Schule praktikabel. Aber Sie können ein Lernumfeld schaffen, in dem es eine Mischung unterschiedlicher Unterrichtsmethoden gibt, von Frontalunterricht über Gruppenarbeit bis hin zur Einzelarbeit. Sie können Ihre Unterrichtsmethoden so variieren, dass Sie alle Schüler erreichen.

Wir müssen uns von der Idee des »Einheitsunterrichts« verabschieden. An jeder Schule und in jeder Klasse sind die Schüler auf unterschiedlichen Lernniveaus. Leider fällt das Lernniveau nicht immer mit der Jahrgangsstufe zusammen. So weit sind wir uns vermutlich einig. Was würde passieren, wenn man eine Klasse mit Schülern unterschiedlicher Lernniveaus auf demselben Niveau unterrichten würde? Die Folge wäre, dass man nur die Schüler unterrichten würde, die auf eben diesem Niveau sind. Unvermeidlicherweise würden einige sich langweilen, weil sie unterfordert wären, während andere den Anschluss verlieren würden, weil sie dieses Niveau noch nicht erreicht haben.

Unterrichten ist nichts für schwache Nerven. Deshalb haben wir uns diesen Beruf ja ausgesucht. Wir wussten, dass wir dieser Herausforderung gewachsen sind. Denn eine Herausforderung ist es, das würde niemand von uns bestreiten. Wenn Sie mit dem Konzept der Differenzierung nicht vertraut sind oder der Gedanke daran ein unbehagliches Gefühl auslöst oder wenn Sie befürchten, dass es einfach zu viel Arbeit erfordert oder dass die Schüler nicht damit zurechtkommen, dann finden Sie ganz bestimmt hilfreiche Hinweise unter den »15 Tipps, um besser auf Unterschiede einzugehen« in der Rubrik »Den Fehler vermeiden«. Versuchen Sie es!

 Beispiel für den Fehler

Vergessen wir nicht: Das Ziel besteht darin, unseren Unterricht so zu differenzieren, dass er den vielen Unterschieden zwischen unseren Schülern gerecht wird. Vergessen wir nicht: Die Schüler brauchen unsere Unterstützung. Wenn ein Schüler schlechte Leistungen erzielt, dann läuft offensichtlich irgendetwas falsch!

Schauen wir uns Dinge an, die einfach nicht funktionieren:

- alle Aktivitäten, bei denen alle Schüler die meiste oder die ganze Zeit dasselbe tun
- fehlende Methodenvielfalt
- fehlende Abwechslung bei Übungsformen
- fehlendes Wissen über die individuellen Bedürfnisse der Schüler
- Fleißarbeiten, bei denen keine Unterstützung durch den Lehrer nötig ist
- Mangel an individualisierten Leistungsrückmeldungen

So bedauerlich das für mich und für meine damaligen Schüler ist: Diese Liste erinnert mich an die Lehrerin, die ich vor 25 Jahren war, als ich mit dem Unterrichten anfing. Im letzten Kapitel habe ich zugegeben, dass ich damals in meinen Klassen an den meisten Montagen eine »Vokabelstunde« hielt, in der die Schüler völlig mechanisch Wörter von der Tafel abschrieben. Es wird Sie nicht überraschen, dass ich mit eben diesen Schülern erhebliche Disziplinprobleme hatte. Da ich genauso unterrichtete, wie meine Lehrer einst unterrichtet hatten – weil ich es schlicht nicht besser wusste –, waren meine übrigen Stunden an anderen Wochentagen vermutlich genauso schlecht geplant.

Das Konzept des individualisierten Unterrichts war mir vollkommen fremd. Abgesehen von Schülern mit extremen Lernschwierigkeiten, die individuelle Unterstützung durch pädagogische Zusatzkräfte benötigten oder das Glück hatten, dass ich genaue Anweisungen hatte, wie ich auf ihre speziellen Bedürfnisse eingehen sollte, verwendete ich als Lehrerin die gleichen Handlungsformen für alle. Wenn einer las, lasen alle. Wenn einer Fragen beantwortete, beantworteten alle Fragen. Wenn ich eine Leistungsüberprüfung entwarf, dann für die ganze Klasse. »Alle für einen und einer für alle!« Das offensichtliche Problem bei diesem Ansatz zeigte sich in den Ergebnissen.

 ## Den Fehler korrigieren

Dieser Fehler ist wohl einer der am schwierigsten zu korrigierenden. Unterrichten ist ohnehin eine gewaltige Aufgabe, die höhere Anforderungen an den Einzelnen stellt als jeder andere Beruf. (Das ist natürlich meine persönliche Meinung, aber ich bin sicher, dass alle Lehrer diesen Satz unterschreiben würden.) Die Quintessenz ist eigentlich ganz einfach, und doch ist es unsere schwierigste Aufgabe: Lehrer müssen Individuen unterrichten, keine Klassen.

Meiner Erfahrung nach gibt es drei Unterrichtsmethoden, die besonders gut geeignet sind, in den meisten Klassen einen individualisierten Unterricht durchzuführen. Gleichzeitig sind sie meiner

Meinung nach diejenigen, die man am leichtesten umsetzen kann:

- Gruppenarbeit
- Stationenlernen/Lernzirkel
- Team Teaching

Gruppenarbeit

Denken Sie daran: Wenn Sie Gruppenunterricht als Unterrichtsstrategie anwenden wollen, müssen Sie flexibel sein (die Zusammensetzung der Gruppen sollte sich regelmäßig ändern), Sie müssen gut organisiert sein, und Ihr Classroom Management muss funktionieren! Ständig höre ich (und es ärgert mich ehrlich gesagt jedes Mal mehr): »Meine Schüler sind zu unruhig, als dass ich Gruppenarbeit mit ihnen machen könnte. Ich gebe ihnen einfach so viele Aufgaben, dass sie immer schön allein beschäftigt sind.« Kürzlich sagte eine Lehrerin zu mir: »Meine Schüler können mit diesen ganzen neumodischen Methoden nicht umgehen.« Meine Frage an sie wäre: »Sind es wirklich die Kinder, die nicht damit umgehen können?«

Echter Gruppenunterricht ist eine echte Gemeinschaftsleistung. Jedes Mitglied der Gruppe hat seine eigenen Aufgaben und Pflichten. Zum Lösen dieser Aufgaben sind die Interaktion und Kooperation aller Gruppenmitglieder erforderlich, aber jeder Schüler übernimmt eine andere Rolle oder Aufgabe. Sie sollte auf die individuellen Bedürfnisse, Stärken und Lernstile der Schüler abgestimmt sein.

Stationenlernen/Lernzirkel

Das Wichtigste beim Entwerfen eines Lernzirkels sind Abwechslung und die Beachtung individueller Bedürfnisse und Interessen. Die Schüler werden in Gruppen eingeteilt, und jede Gruppe bleibt eine vorgegebene Zeit lang bei einer Station. Die Zeit ist so bemessen, dass sie zur Bewältigung der Aufgabe ausreicht. Dann wechseln die Schüler zur nächsten Station, wo eine andere Aufgabe auf sie wartet. Auch wenn der Lerninhalt also möglicherweise derselbe bleibt, setzen sich die Schüler in ganz unterschiedlichen Formen und Kontexten damit auseinander.

Das ist nicht nur eine hervorragende Möglichkeit, den Bedürfnissen aller Schüler gerecht zu werden, sondern ein großartiger Ansatz, damit alle bei der Sache bleiben. Die schwierigste Phase bei der Anwendung dieser Methode ist die Planung. Wenn ein Lernzirkel gut geplant ist, kann sich der Lehrer auf die Rolle als Moderator konzentrieren, der die Schüler beobachtet und bei Bedarf individuelle Hilfestellung gibt.

Teamteaching

Teamteaching ist als Methode nicht gerade neu, wird aber selten angewendet. Wenn sie sorgsam abgestimmt und gut geplant wird, kann sie von unschätzbarem Wert sein. Wenn Sie im Team unterrichten, können Sie unendlich viel erreichen. Auch diese Methode erfordert natürlich viel Planung und Abstimmung, aber die Mühen lohnen sich wirklich. Wird Teamteaching richtig umgesetzt, so können sich Lehrer verstärkt den individuellen Bedürfnissen ihrer Schüler widmen. Teilt der Lehrer die Schüler ihren Bedürfnissen entsprechend in Gruppen ein, dann kann man die Übungen und Leistungsüberprüfungen an diesen Bedürfnissen ausrichten.

 Den Fehler vermeiden

Durch sorgfältige Planung im Vorfeld lässt sich der Fehler vermeiden, die Klasse nur als Ganzes zu unterrichten. Das ist nicht leicht, aber was ist schon leicht an unserem Beruf? Und Sie werden sehen: Mit einiger Übung wird es Ihnen in Fleisch und Blut übergehen, immer den Einzelnen mit seinen individuellen Bedürfnissen zu unterrichten. Sie werden gar nicht mehr merken, dass Sie bei der Unterrichtsvorbereitung immer den Einzelnen im Blick haben.

15 Tipps, um besser auf Unterschiede einzugehen

1. Seien Sie gut organisiert!
2. Arbeiten Sie an Ihrem Classroom Management.
3. Finden Sie heraus, was Ihre Schüler brauchen. Wenn Sie die Schüler schon eine Zeit lang unterrichtet haben, kennen Sie sie ziemlich gut. Wenn Sie eine Klasse neu übernehmen, dann machen Sie eine Bestandsaufnahme der Lernstile. Dazu gibt es hervorragende Fragebogen und Tests.
4. Sprechen Sie mit den früheren Lehrern Ihrer Schüler; verschaffen Sie sich einen Überblick über ihre bisherigen Leistungen.
5. Fragen Sie Ihre Schüler. Sie werden gern über ihre Vorlieben und Abneigungen in Bezug auf Unterrichtsmethoden, Handlungsformen, Lernumgebungen und Lerngewohnheiten sprechen.
6. Fertigen Sie eine Liste der Unterrichtsmethoden an, die Sie am häufigsten verwenden, und ergänzen Sie sie durch andere, die Sie bis lang nur zögernd eingesetzt haben. Legen Sie sich ein möglichst großes Repertoire unterschiedlicher Methoden zu. (Eine Liste findet sich im vorigen Kapitel.)
7. Planen Sie Ihre Stunden sorgfältig. Sorgen Sie dafür, dass alle benötigten Materialien gut geordnet und schnell zur Hand sind.
8. Wenn Sie eine Unterrichtsmethode zum ersten Mal einsetzen, dann müssen Sie die entsprechenden Verfahrensweisen *vermitteln*, *einüben* und *anwenden*.
9. Stellen Sie Gruppen vielfältige Aufgaben, sodass jeder in der Gruppe eine andere Aufgabe bekommt!
10. Wenn Sie zum ersten Mal einen Lernzirkel einrichten, dann müssen Sie die entsprechenden Verfahrensweisen *vermitteln*, *einüben* und *anwenden*. Lernstationen bieten vielfältige Möglichkeiten, den Schülern den Stoff nahezubringen.
11. Wenn Sie zum ersten Mal Peer Teaching/Lernen durch Lehren einsetzen, dann müssen Sie die entsprechenden Verfahrensweisen *vermitteln*, *einüben* und *anwenden*.
12. Entwerfen Sie handlungsorientierte und interaktive Übungen.
13. Greifen Sie zur Leistungsrückmeldung auf Kriterienraster zurück.
14. Bringen Sie sich in jeder Phase des Unterrichts aktiv ein.
15. Lesen Sie Fachliteratur zu den Themen »Lernstile«, »Multiple Intelligenzen« und »Differenzierter Unterricht«. Sie werden eine Vielfalt von Informationen und Anregungen finden, um neue Methoden auszuprobieren.

Quintessenz

Wenn Sie nur die Klasse als Ganzes unterrichten, gehen Sie implizit davon aus, dass Lernniveau, Lernstil und Lernfähigkeit bei allen Schülern gleich sind. Das ist jedoch in keiner Klasse der Fall. Wir müssen unseren Unterricht differenzieren, um Schülern viele unterschiedliche Möglichkeiten und Gelegenheiten zu erschließen, neue Ideen und Inhalte aufzunehmen, zu verarbeiten und anzuwenden. Wir müssen ein Umfeld schaffen, das Schülern mit unterschiedlichen Fähigkeiten ein Lernen im selben Klassenzimmer ermöglicht.

Wenn wir uns vor Augen halten, dass unsere Schüler unterschiedliche Voraussetzungen mitbringen, was ihr Vorwissen, ihre Interessen, ihre Lernstile und ihre Lernbereitschaft betrifft, so ist das der erste Schritt zu der Einsicht, dass wir unseren Unterricht differenzieren müssen, um diesen Unterschieden gerecht zu werden. Unsere Schüler sind nicht alle zur gleichen Zeit auf dem gleichen Niveau. Wäre dem so, dann wäre Unterrichten der leichteste und zugleich langweiligste Job der Welt!

Allen Schülern in einer Klasse gerecht zu werden ist keine leichte oder geringe Aufgabe. Das ist nichts für Zaghafte und Willensschwache. Deshalb sind *wir* Lehrer geworden. Wir unterrichten gern, und wir wollen, dass unsere Schüler etwas lernen: alle unsere Schüler, nicht nur diejenigen, die so sind wie wir. Wir sind entschlossen, alles Nötige zu tun, um dieses Ziel zu erreichen.

Fehler № 7

Leerlauf zulassen

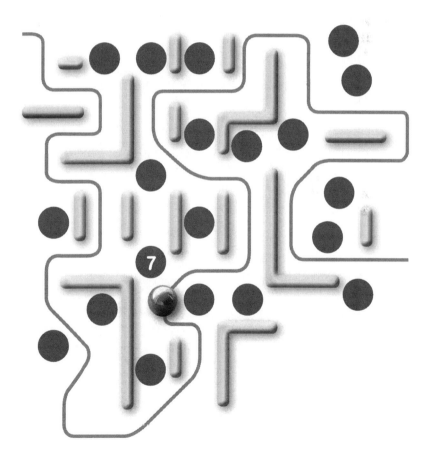

Den Fehler erkennen

Werfen wir zunächst einen Blick auf die Antworten von 28 Neuntklässlern auf die Frage, was sie unter »freier Zeit« im Unterricht verstünden:

- »Meistens ist das vertane Zeit.«
- »Da können wir tun, was wir wollen, zumindest innerhalb gewisser Grenzen.«
- »Da sollen wir Hausaufgaben machen, lesen oder uns auf andere Stunden vorbereiten oder so.«
- »Wollen Sie das wirklich wissen?«
- »Meinen Sie, was ich darunter verstehe oder was die anderen Schüler darunter verstehen?«
- »Für mich ist das eine gefährliche Zeit. Ich bin so was wie der Klassenclown, und ›freie Zeit‹ heißt bei mir Showtime!«
- »Die meisten Lehrer nutzen diese Zeit zum Korrigieren (oder was sie sonst so tun), und wir sollen uns allein beschäftigen. Die meisten finden irgendwas Sinnvolles. Nicht immer, aber meistens.«
- »Das sind die ersten paar Minuten und die letzten paar Minuten von jeder Schulstunde.«
- »Zeit, ein bisschen Schlaf nachzuholen!«
- »Das ist die Zeit, wo ich aufwache. Unser Lehrer ist so ein Langweiler!«

Ihr Lehrer hatte natürlich eine sehr viel eindeutigere Definition, wozu die »freie Zeit« dienen sollte. Nur leider hatten die Schüler ganz andere Vorstellungen als er.

Nehmen wir also an, dass »freie Zeit« für die Mehrheit der Schüler »Zeit zum Nichtstun« bedeutet. Es hat wenig Sinn, diese Zeit näher zu definieren, da ihr Wert gering ist. Und doch ist sie in vielen Klassen gang und gäbe. Die Folge ist die Verschwendung zahlloser wertvoller Unterrichtsminuten.

Wenn man Lehrer allerdings fragt, ob der Schultag lang genug sei, um alles zu schaffen, was von ihnen erwartet werde, ist die Antwort bei den meisten paradoxerweise ein entschiedenes »Nein!«.

Die Stunden seien nicht annähernd lang genug. Wenn Sie sie fragen, ob sie den gleichen Stoff auch vermitteln könnten, wenn das Schuljahr um einige Tage oder Wochen gekürzt würde, ernten Sie nur Gelächter. Hätten Lehrer die Gelegenheit, bei einigen ihrer Kollegen zu hospitieren, so würden sie feststellen, dass viele Lehrer leichtfertig und ohne es zu wollen wertvolle Minuten vergeuden und gar nicht merken, dass diese Minuten sich langfristig auf Tage oder gar Wochen verlorener Unterrichtszeit summieren.

Leerlauf, egal, wie man ihn nennt, läuft allzu oft auf Zeitverschwendung hinaus. Ob wir unseren Schülern bewusst freie Zeit einräumen oder unabsichtlich wertvolle Minuten vertun: So oder so ist diese Zeit unwiederbringlich verloren. Und als Lehrer können wir es uns nicht leisten, Zeit zu verschwenden.

 Beispiele für den Fehler

Frau Springteufel wurde anscheinend mit Sprungfedern an Händen und Füßen geboren. Nur so lässt sich erklären, wie sie es fertigbringt, in weniger als drei Sekunden von ihrem Stuhl am Lehrerpult aufzuspringen und die »Unterrichtshaltung« einzunehmen. Dieses Kunststück hat sie schon so oft vollbracht, dass sie in dieser Disziplin als mit Abstand beste Lehrerin der Schule gilt. Sie können jedes Mitglied der Schulleitung fragen, das jemals zu irgendeinem Zeitpunkt in eine ihrer Stunden hineingeplatzt ist. Er oder sie wird Ihnen bestätigen, Frau Springteufel noch nie beim Unterrichten erwischt zu haben.

Frau Springteufel ist berüchtigt dafür, auf disziplinarische Maßnahmen zurückzugreifen, wenn Schüler ihren Unterricht stören. Die meisten ihrer Schüler kassieren mindestens einmal im Schuljahr einen Klassenbucheintrag, wenn nicht Schlimmeres. Würde Frau Springteufel erkennen, dass der viele Leerlauf in ihren Unterrichtsstunden einer der Gründe für das Chaos, die Unruhe und das Fehlverhalten ihrer Schüler ist, dann könnte sie etwas dagegen unternehmen. Aber dazu müsste sie selbstverständlich jede Schulstunde mit effektivem Unterricht füllen, und genau das scheint sie vermeiden zu wollen.

Im Gegensatz zu Frau Springteufel würde Herr Ohnemacht seine Klassen sehr gern effektiv unterrichten. Er ist nicht faul. Er versucht nicht, sich vor der Arbeit zu drücken, für die er bezahlt wird. Seine Stunden sind immer gut geplant und gut vorbereitet. Leider hat er nie gelernt, wie man in einer Schulklasse für Disziplin sorgt und so Zeit für effektiven Unterricht schafft. Viele seiner Schüler kommen zu spät, sodass die ersten Minuten seiner Stunden regelmäßig verloren gehen.

Er diskutiert mit den Schülern und versucht, sie zu mehr Pünktlichkeit zu bewegen, aber da es ihm an einem bestimmten, respekteinflößenden Auftreten mangelt, bleiben diese Versuche erfolglos. Wenn es ihm einmal gelingt, sich die Aufmerksamkeit aller seiner Schüler zu verschaffen, dann nur für kurze Zeit. Weil er im Unterricht mehr reagiert als agiert, verbringt er einen Großteil der Zeit, die eigentlich der Wissensvermittlung dienen sollte, mit Maßregeln.

Am Ende einer Schulstunde ist Herr Ohnemacht erschöpft. Meistens lässt er den Schülern am Ende der Stunde fünf bis zehn Minuten »freie Zeit«. Diese Zeit nutzt er, um sich zu sammeln und auf die nächste Klasse einzustellen. Letztlich ist es sein mangelndes Classroom Management, das Herrn Ohnemacht um die Früchte seiner Stundenvorbereitung bringt. Seine guten Vorsätze werden zunichtegemacht, weil er seine Klassen nicht im Griff hat. Das lässt sich ändern, wenn er sich das Problem eingesteht und sich Hilfe sucht.

 Den Fehler korrigieren

Wenn Sie erkennen (beziehungsweise befürchten), dass Sie im Unterricht zu viel Zeit vergeuden, dann haben Sie – ganz egal, was die Ursache dafür ist – bereits den ersten Schritt hin zur Lösung des Problems gemacht: Sie haben eingesehen, dass Sie ein Problem haben. Referendaren und Junglehrern pflege ich folgende todsichere Methode zu empfehlen, um herauszufinden, ob sie im Unterricht wertvolle Zeit verschwenden.

Tragen Sie ein bis zwei Tage lang eine Stoppuhr. Drücken Sie den Startknopf, sobald Sie anfangen, effektiv zu unterrichten. Drücken Sie ihn nicht automatisch mit dem Gongschlag, der den Stundenbeginn markiert, es sei denn, dass in diesem Moment auch der eigentliche Unterricht beginnt. Halten Sie die Uhr jedes Mal an, wenn der Unterricht aus irgendeinem Grund unterbrochen wird. Lassen Sie sie weiterlaufen, wenn der effektive Unterricht weitergeht. Achten Sie auf Übergangsphasen und alles, was die Lernatmosphäre stört, sodass Sie wissen, wann Sie die Uhr anhalten und wann Sie sie weiterlaufen lassen sollen. Vergleichen Sie am Ende der Stunde die mit der Stoppuhr gemessene mit der tatsächlich verstrichenen Zeit.

Das Ergebnis ist für viele Lehrer ein echtes Aha-Erlebnis. Die meisten von uns wissen gar nicht, wie viel Zeit sie in kleinen Häppchen verlieren und wie leicht dieser Zeitverlust zu vermeiden wäre. Für manche Lehrer ist das Ergebnis ein echter Schock, aber es ist zugleich ein hervorragender Ausgangspunkt für Veränderungen. Die Herausforderung besteht nun darin, den Zeitverlust zu reduzieren und so wichtige Minuten zu gewinnen, die man für die Stoffvermittlung nutzen kann. Eine Lehrerin, die die Methode auf meine Anregung hin ausprobierte, machte sogar ein Spiel daraus, bei dem sie auch die Schüler einbezog. Das Ergebnis war verblüffend.

Wenn Sie einen Verlust von Unterrichtszeit festgestellt haben, gehen Sie den Ursachen nach:

- Haben Sie nicht genug Stoff für eine ganze Schulstunde vorbereitet? Wird Ihnen die Zeit am Ende der Stunde zu knapp, oder ist noch Zeit übrig, wenn Sie am Ende der Unterrichtseinheit angelangt sind?
- Ertappen Sie sich des Öfteren dabei, die Worte »freie Zeit« zu gebrauchen? Lassen Sie Ihren Schülern während oder am Ende der Stunde bewusst Zeit zum Nichtstun?
- Verlieren Sie Zeit, weil Sie Ihre Klassen nicht richtig im Griff haben?
- Sind Sie faul? (Sorry, aber was wir uns nicht eingestehen, können wir auch nicht beheben!) Geben Sie Ihren Schülern jede Menge sinnlose Beschäftigungen und freie Zeit, um sich Ihrer eigentlichen Aufgabe zu entziehen. zu unterrichten?

Jetzt, da Sie sich das Problem eingestanden und die Ursachen ermittelt haben, können Sie sich daranmachen, sie zu beseitigen. Jede der vier oben genannten Ursachen lässt sich problemlos abstellen – aber erst, wenn man sie sich eingestanden hat.

 Den Fehler vermeiden

- Verbessern Sie Ihr Classroom Management. Erklären Sie den Schülern die Regeln und Arbeitsabläufe, üben Sie sie ein, und setzen Sie sie um, bis Ihre Unterrichtsstunden laufen wie eine gut geölte Maschine.
- Planen Sie effektiv. Bereiten Sie immer mehr Stoff vor, als Sie voraussichtlich brauchen. Es ist besser, die Stunde morgen zu Ende zu bringen, als heute Zeit zu verschwenden.
- Stehen Sie auf, und bewegen Sie sich im Raum! Die Schüler sollten nicht sagen können, von wo aus Sie normalerweise unterrichten.
- Schaffen Sie »freie Zeit« ab. Die Schüler sollten die gesamte zur Verfügung stehende Zeit lernen, und der Lehrer sollte die gesamte zur Verfügung stehende Zeit unterrichten.

In der Lehrerausbildung gebe ich immer den Rat, jede einzelne Stunde so zu unterrichten, als hätten Sie gerade Unterrichtsbesuch vom Schulleiter. Zwischen Unterrichtsstunden, in denen Sie unter Beobachtung stehen, und solchen, in denen Sie mit den Schülern allein sind, sollte es keinen Unterschied geben. Wenn es etwas gibt, was sie im Falle eines Unterrichtsbesuchs anders machen würden, dann sollten Sie es jeden Tag anders machen.

Nehmen wir als Beispiel unsere Frau Springteufel. Sobald ein Beobachter ihr Klassenzimmer betritt, springt sie von ihrem Stuhl auf und beginnt zu unterrichten. Wenn sie das Gefühl hätte, genau das zu tun, was von ihr erwartet wird, dann hätte sie keinen Grund, ihr Verhalten grundlegend zu ändern, sobald jemand zur Tür hereinkommt. Ein Lehrer, der gewissenhaft seine Arbeit tut, zuckt nicht einmal mit der Wimper, wenn ein unangekündigter Beobachter in seinen Unterricht hereinplatzt. Er macht einfach weiter wie vorher. Anders als Frau Springteufel wirkt er weder erschrocken noch unangenehm überrascht.

 Quintessenz

Leerlauf ist allzu oft gleichbedeutend mit Zeitverschwendung. Ob wir unseren Schülern bewusst freie Zeit lassen oder einfach nur wertvolle Minuten verschenken: In beiden Fällen ist die Zeit für immer verloren.

Unterrichten Sie vom Gong bis zum Gong! Angesichts der kurzen Zeit, die uns zur Verfügung steht, um die gewaltigen Aufgaben zu lösen, vor denen wir als Lehrer heute stehen, kommt Zeitverschwendung nicht infrage. Verschwenden Sie nicht, was so unendlich wertvoll ist.

Fehler № 8

Unorganisiert sein

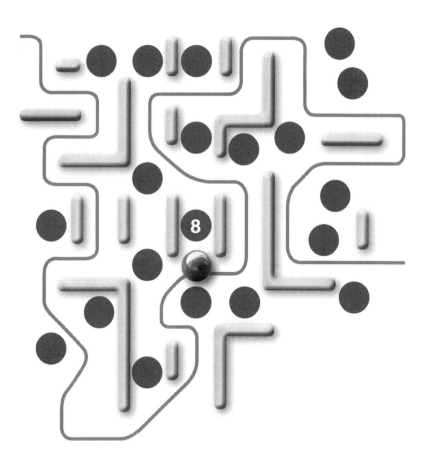

Den Fehler erkennen

Meine Großmutter pflegte zu sagen: »Jedes Ding an seinem Ort, spart viel Zeit, Verdruss und Wort.« Ich habe gelernt, dass das Leben sehr viel stressfreier ist, wenn man sich an diese Lebensweisheit hält.

Wenn ich für meine Schüler eine stressfreie Umgebung schaffen will, die Lernprozesse fördert, dann muss ich das Klassenzimmer so organisieren, dass alle Hindernisse beseitigt werden, die dem Lernen im Wege stehen könnten. In einer chaotischen Umgebung ist Lernen undenkbar. Gute Klassenführung bedeutet, zunächst die Unordnung in den Griff zu bekommen.

Bedenken Sie: Solange wir selbst unordentlich sind, können wir auch von unseren Schülern nicht erwarten, dass sie Ordnung halten. Ist der Lehrer unorganisiert, werden die Schüler seinem Beispiel folgen. Wenn unsere Erwartungen glaubwürdig sein sollen, müssen sie sich auch in unserem Handeln widerspiegeln. Die Vorstellung, wir könnten von anderen etwas erwarten, das wir nicht auch von uns selbst verlangen, ist absurd.

Haben Sie jemals ein Klassenzimmer betreten, in dem die Unordnung aus allen Ritzen zu quellen schien? Da ich viel mit jungen Lehrkräften arbeite, komme ich in viele Unterrichtsräume, und ich kann Ihnen aus Erfahrung versichern, dass ein unordentliches, unaufgeräumtes, chaotisches Klassenzimmer in aller Regel bruchstückhaftes, unstrukturiertes Unterrichten und Lernen widerspiegelt. Beides geht Hand in Hand.

Damit will ich keineswegs behaupten, dass es keine unorganisierten Pädagogen gibt, die gute Lehrer sind (oder jedenfalls das Zeug dazu haben). Was ich sagen will, ist: Wenn diese guten Lehrer mehr Ordnung in ihren Unterricht brächten, indem sie unnötiges Chaos vermieden, wären sie *noch* bessere Lehrer! Die Folge eines unordentlichen, chaotischen Umfelds ist letztlich, dass die Schüler sehr viel weniger lernen. Die gute Nachricht lautet: Dasselbe gilt auch umgekehrt. Schüler lieben ein gut organisiertes Lernumfeld. Sie sehnen sich geradezu nach Ordnung und Struktur. Sie brauchen jemanden, der für ein solches Umfeld sorgt, und dieser Jemand ist der Lehrer. Es ist an uns Lehrern, dafür den Stein ins Rollen zu bringen.

Beispiel für den Fehler

Mr. Laston hatte mich eingeladen, in seiner vierten Klasse eine Musterstunde zu halten. Seit ich nicht mehr selbst unterrichte, mache ich so etwas unheimlich gern. Ich kenne Mr. Laston seit vielen Jahren, weil wir früher an derselben Schule im Kollegium waren. Lassen Sie mich Ihnen daher ein paar Hintergrundinformationen über ihn geben, damit Sie das Beispiel besser einordnen können.

Mr. Laston ist ein Lehrer mit Leib und Seele. Er übt diesen Beruf schon seit über 20 Jahren aus, und jeder, der ihn kennt, wird Ihnen bestätigen, dass er es überaus gern tut. In der Zeit, als wir Kollegen an derselben Schule waren, wusste ich, dass er ein guter Lehrer war, obwohl ich kaum jemals während einer Stunde sein Klassenzimmer betreten hatte. Die guten Lehrer an unserer Schule erkannte ich an den Eigenschaften, an denen wir alle die guten unter unseren Kollegen erkennen:

- Wir sehen, wie sie auf dem Schulhof mit den Schülern umgehen.
- Wir erleben sie im Rahmen von Lehrerkonferenzen und ähnlichen Veranstaltungen, bei denen ihre Worte und Taten eindeutig zeigen, dass ihnen ihr Beruf und ihre Schüler am Herzen liegen.
- Wir wissen, dass sie zu den ersten gehören, die sich melden, wenn für Schulveranstaltungen helfende Hände gesucht werden.
- Sie gehören morgens zu den Ersten und abends zu den Letzten.
- Wir hören, wie in Gesprächen mit anderen ihre Kommentare über ihre Schüler immer positiv sind.
- Sie scheinen immer irgendetwas Neues und Aufregendes für ihre Schüler zu planen.
- Wenn wir an ihrem Klassenzimmer vorbeigehen, sind sie immer darin vertieft, zu unterrichten oder mit ihren Schülern zu sprechen.
- Sie haben ein tolles Verhältnis zu ihren Schülern, zu den Kollegen und zur Schulleitung.
- Ihre Schüler schneiden in der Regel sehr gut ab.

Mr. Laston verfügte über alle diese wunderbaren Eigenschaften. Aber er hatte einen großen Fehler: Er war ein Ferkel! (Ich meine das nur in dem Sinn, dass er unordentlich und unorganisiert war. In jeder anderen Hinsicht war er einer der nettesten Menschen, die ich je kennengelernt habe.) Ich war einige Male in seinem Klassenzimmer gewesen, weil ich irgendetwas gebraucht hatte. »Unordentlich« ist noch der freundlichste Ausdruck, mit dem er sich beschreiben ließ. Ich versichere Ihnen, mir würden einige Adjektive einfallen, die treffender, aber sehr viel weniger wohlwollend wären.

Bei meinen Kurzbesuchen in seinem verlotterten Reich dachte ich unwillkürlich, wie viel effektiver er sein könnte, wenn er nur besser organisiert wäre. Er verfügte bereits über einige der wertvollsten Eigenschaften, die einen guten Lehrer auszeichnen, aber in all dem Durcheinander würde er sein Potenzial, effizient und effektiv zu unterrichten, nie entfalten können.

Als er mich nun fragte, ob ich in seinem Klassenzimmer eine Stunde zum Thema Textanalyse halten wolle, wich daher meine spontane Begeisterung Sekunden später großer Sorge. »Wie soll ich, die Ordnung in Person, in einer solchen Umgebung bloß unterrichten?«, fragte ich mich. Die Antwort lag auf der Hand: ausgeschlossen! Da ich sein Angebot aber nicht ablehnen wollte, dachte ich mir einen Plan aus, durch den ich die Bedingungen unserer Zusammenarbeit in meinem Sinne beeinflussen konnte.

 Den Fehler korrigieren

»Ich würde liebend gern bei dir eine Stunde geben«, sagte ich. »An welches Thema hast du denn gedacht?« Er brachte seinen Schülern gerade bei, die einzelnen Bausteine einer Geschichte zu erkennen und zu analysieren. Zufällig war das eines meiner Lieblingsthemen. »Dazu habe ich eine super Unterrichtseinheit«, sagte ich. »Aber ich brauche einiges an Lernmaterialien, weil die Stunde sehr handlungsorientiert ist. Ich müsste das Klassenzimmer und die Tische der Schüler entsprechend vorbereiten.«

»Kein Problem«, sagte er. »Aber mein Klassenzimmer ist ein bisschen unordentlich.«

(»Ein wenig?«, dachte ich still bei mir.)

»Du solltest vielleicht am Nachmittag vor der Stunde vorbeikommen«, fuhr er fort.

»Gute Idee«, antwortete ich.

»Ich helfe dir«, bot er an. »Du musst nur sagen, was du brauchst, und ich kümmere mich darum.«

Genau, was ich wollte. Das heißt, nicht ganz: Dass ich sein Klassenzimmer für ihn aufräumen würde, war so natürlich nicht meine Absicht gewesen. Aber wenn ich nicht in massenweise Müll versinken wollte, während ich vergeblich versuchte, effektiv zu unterrichten, hatte ich keine Wahl. Als ich am Tag vor der Stunde in meiner alten Schule eintraf, hatte ich ein paar große, extra verstärkte Müllbeutel dabei (die teuren, die nicht kaputt zu kriegen sind). Die Vorbereitung (sprich: das Aufräumen) konnte beginnen. Ich richtete das Klassenzimmer so her, als wäre es mein eigenes. Wir stellten die Tische ordentlich auf und sammelten den ganzen Müll ein, der auf dem Boden und unter den Tischen lag.

Ich legte mir alle nötigen Materialien zurecht. Diejenigen, die wir gleich zu Beginn der Stunde brauchen würden, legte ich jedem Schüler auf seinen Tisch. So hatte ich mein Klassenzimmer immer vorbereitet, um keine Zeit mit dem Austeilen von Materialien zu verschwenden. Die Lernkarten und Schaubilder, die den typischen Ablauf einer Geschichte zeigten, und die einzelnen Beutel mit den Bestandteilen einer Geschichte – alles war in leuchtenden Farben gehalten, sodass die Tische bunt und einladend aussahen.

Am nächsten Morgen war ich schon früh in der Schule und wartete auf »meine« Schüler. Als sie nach und nach hereinkamen, hellten sich ihre Gesichter auf, und viele konnten sich nicht mit einem Kommentar zurückhalten:

»Was ist denn hier passiert?«

»Wow! Sieht ja toll aus!«

»Für was ist das alles? Was machen wir heute?«

Und so weiter und so fort.

Die Stunde begann, und sie verlief genau wie geplant. Glücklicherweise war es eine Doppelstunde, sodass ich 90 Minuten Zeit hatte und die ganze Einheit unterrichten konnte, die ich normalerweise auf zwei Tage aufteilen muss. Die Schüler genossen die Stunde sehr. Sie machten wunderbar mit und halfen gern beim Austeilen und Einsammeln der verschiedenen Lernmaterialien. Ich betonte, wie wichtig es mir war, dass sie die Materialien pfleglich behandeln und nichts darauf schreiben, da ich sie schon seit mehreren Jahren benutze und alle anderen Schüler bisher sehr sorgfältig damit umgegangen seien. Die Schüler hielten sich an meine Anweisungen, und die Stunde verlief ruhig und gesittet.

Als die Schüler gegangen waren, bedankte sich Mr. Laston aufrichtig bei mir.

»Das war aber echt effektiv«, rief er. »Würdest du mir vielleicht deine Lernmaterialien leihen, damit ich mir selber einen Klassensatz basteln kann? Ich möchte die Stunde unbedingt auch in meinen anderen Klassen halten!« Dieser Bitte kam ich gern nach und bot ihm an, ihn auch sonst zu unterstützen, so gut ich konnte. Als ich bereits am Gehen war, sagte Mr. Laston noch:

»Ich weiß nicht, ob ich diese Unterrichteinheit in einer Doppelstunde unterrichten kann. Unglaublich, wie viel du in dieser kurzen Zeit geschafft und gleichzeitig dafür gesorgt hast, dass alle Schüler die Inhalte ganz verstanden haben. Alles war so gut vorbereitet und so effektiv. Eine Übung mündete direkt in die andere, ohne jede Zeitverschwendung. Du warst so gut vorbereitet, und die Schüler haben so gut reagiert!«

Ich war froh, dass ihm das aufgefallen war. Ich hoffe nur, dass er nicht so schnell vergessen wird, wie wichtig es ist, gut vorbereitet und ordentlich zu sein, und dass er einiges davon in seine Unterrichtsroutine übernehmen wird. Er ist ja bereits jetzt ein fantastischer Lehrer. Wenn er etwas weniger unorganisiert wäre, könnte er noch viel besser sein!

 Den Fehler vermeiden

Im Folgenden ein paar Tipps, wie Sie Ihr eigenes Klassenzimmer möglichst effektiv organisieren können, damit Sie in weniger Zeit mehr schaffen (vgl. dazu mein Buch »How to Reach and Teach ALL Students – Simplified«).

10 Tipps für mehr Ordnung

1. Überlegen Sie, wie viel Platz Ihnen zur Verfügung steht und wie Sie diesen Platz am effektivsten nutzen können.
2. Ordnen Sie zuerst das Lehrerpult. Es ist Ihr Arbeitsplatz!
3. Schaffen Sie im Klassenzimmer Nischen und Lernstationen.
4. Kennzeichnen Sie alles nach einem Farbschema!
5. Stellen Sie für alles eindeutig gekennzeichnete Behälter auf.
6. Hängen Sie verschiedene Listen auf, für Benehmen, Zusatzpunkte, Zuspätkommen, Abwesenheit und so weiter. Ordnen Sie jedem Schüler eine Zahl zu. (Namen sollten Sie nicht verwenden, da es sich um persönliche Informationen handelt.)
7. Ordnen Sie die Regale und Fächer nach Klassen (falls Sie mehr als eine Klasse unterrichten) und dann nach den Materialien, die dort aufbewahrt werden. Beschriften Sie sie, und markieren Sie sie farbig. So wissen die Schüler sofort, welche Materialien sie benutzen dürfen und wo welche Materialien hingehören.
8. Stellen Sie für jeden Schüler eine Schachtel mit Arbeitsmaterialien zusammen. Füllen Sie dazu kleine Plastikboxen mit allem, was die Schüler im Unterricht brauchen (von Schere bis Textmarker), und stellen Sie jedem Schüler eine auf seinen Tisch. Schreiben Sie die Namen aller Schüler auf die Schachtel, die auf diesem Platz sitzen (sofern Sie mehr als eine Klasse unterrichten).

   Erklären Sie den Schülern zu Schuljahresbeginn den Inhalt dieser Schachteln. Sagen Sie Ihnen, dass sie ihre Schachtel täglich prüfen und sofort melden müssen, wenn irgendetwas fehlt. Der Lehrer kann dann den fehlenden Gegenstand vom Schüler, der zuletzt auf diesem Platz saß, zurückverlangen.

   Da es sich beim Inhalt der Schachteln überwiegend um Gegenstände handelt, die die Schüler sonst kaufen müssten, kann der Lehrer Geld einsammeln, um seine Auslagen zu decken. Bringen die Schüler eigene Materialien mit, kann der Lehrer sie zurücklegen für den Fall, dass im Lauf des Jahres etwas ausgetauscht werden muss. Meist ist am Ende des Schuljahres genug übrig, um die Schachteln für das nächste Jahr auszustatten.
9. Ernennen Sie »Materialbeauftragte«, und zeigen Sie diesen Schülern genau, wo alles hingehört.
10. Legen Sie für alles einen ganz bestimmten Aufbewahrungsort fest. Halten Sie die Ordnung strikt ein. Wer etwas nimmt, muss es anschließend an seinen Platz zurücklegen. Keine Ausreden!

 **Quintessenz**

Wenn wir das Chaos in unserem Umfeld beseitigen, beseitigen wir zugleich das Chaos in unserem Kopf. Gute Organisation sorgt für Ordnung, und Ordnung bereitet den Boden für effektives Unterrichten und Lernen. Ohne Organisation und Ordnung kann ein Lehrer sein Potenzial nicht ausschöpfen. Ein geordnetes Umfeld ist der ideale Nährboden, auf dem Lernen wächst und gedeiht.

In Mr. Laston schlummert ein höchst effektiver, kluger Lehrer, der jedoch oftmals von Durcheinander und Chaos verdeckt wird. Er muss nur ein wenig ordentlicher werden, damit der gute Lehrer, der in ihm steckt, sich ungehindert entfalten kann.

Als Lehrer sind wir für unsere Schüler in jeder Hinsicht Vorbild. Sie orientieren sich an dem, was wir tun. Mr. Laston war ein Musterbeispiel für einen unorganisierten Lehrer. Aufgrund seines Beispiels waren auch seine Schüler unorganisiert. Am Ende einer Unterrichtsstunde herrschte in ihren Köpfen tagtäglich das gleiche Durcheinander, das sie bei ihrer Ankunft im Klassenzimmer vorgefunden hatten. Meine Musterstunde war für sie nicht nur eine Lektion in Textanalyse, sondern eine Lektion in Ordnung und Effizienz. Erinnern Sie sich, wie schnell sie sich darauf einstellten? Das gehört zu den schönen Erfahrungen beim Unterrichten. Schüler sind enorm anpassungsfähig. Sie sind nicht annähernd so unflexibel wie wir Lehrer!

Fest steht: In einem gut organisierten Klassenzimmer, in dem es kein Chaos gibt, läuft der Unterricht viel effektiver und effizienter ab. In einem Lernumfeld, das sorgfältig vorbereitet und wohlgeordnet ist, können Lehrer die Früchte eines stressfreien Unterrichts ernten. So ist in kürzerer Zeit mehr Lernen möglich als in einem Klassenzimmer, in dem infolge des Chaos wertvolle Minuten verloren gehen.

Welches Klassenzimmer wäre Ihnen lieber?

Fehler № 9

Sich unprofessionell verhalten

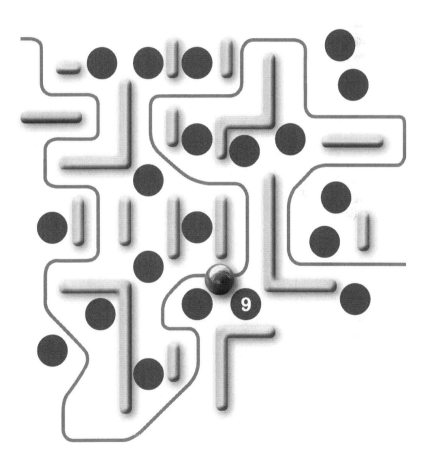

Den Fehler erkennen

Einer der schlimmsten Fehler, den man als Lehrer oder in jedem anderen Beruf machen kann, ist, sich unprofessionell zu verhalten. Unethisches und kindisches Verhalten haben in einer Schule keinen Platz. Als Lehrer ist es unsere Aufgabe, Jugendliche, die sich an unserem Rat und Beispiel orientieren, in ihrer Entwicklung zu unterstützen. Warum sollten wir ihnen also etwas vorleben, was wir ihnen nie gezielt beibringen würden?

Für unprofessionelles Lehrerverhalten gibt es unzählige Beispiele. Die meisten lassen sich in eine der folgenden Kategorien einordnen:

- Klatsch verbreiten
- negativ sein
- jammern
- indiskret sein
- anderen die Schuld geben
- sich herausreden

Klatsch verbreiten

Klatsch verbreiten ist nichts anderes als der Versuch, sich wichtig zu machen. Wenn ich etwas weiß, was Sie nicht wissen, dann sitze ich, zumindest für den Augenblick, am längeren Hebel. Sie brauchen mich, und damit stehe ich im Mittelpunkt. Das fühlt sich gut an und kann süchtig machen. Vor allem aber macht es viel kaputt!

Klatsch dürfte der Hauptgrund für Streit zwischen Schülern sein. Wir Lehrer hassen ihn, verdammen ihn in unseren Moralpredigten, ermahnen Schüler, die sich daran beteiligen – und dann tun wir es selbst! Wenn Sie zu viel Zeit im Lehrerzimmer zubringen, werden Sie allzu oft mehr zu hören bekommen, als gut für Sie ist. Junge Lehrer warne ich davor, sich allzu viel in Gegenwart der »professionellen« Klatschtanten aufzuhalten. Lästern ist ansteckend, und ehe man sich's versieht, ist man selbst eine Lästerzunge!

Negativ sein

Eine negative Sicht der Dinge ist immer unproduktiv. Wenn ein Schüler uns mitten im Unterricht ins Wort fällt, dann müssen wir dieses Verhalten unterbinden. Aber wir haben verschiedene Möglichkeiten, mit dieser Situation umzugehen. Wir können den Schüler wegen seines Verhaltens angreifen und damit einen destruktiven Ansatz wählen, der voraussichtlich zur Eskalation führen wird. Oder wir können die Situation entschärfen, indem wir nicht den Schüler angreifen, sondern das Verhalten, und uns damit für einen ruhigen, einfühlsamen, konstruktiven Ansatz entscheiden. Auch kritische Situationen zwischen Erwachsenen müssen *immer* mit einem positiven Ansatz gelöst werden.

Eine negative Grundhaltung hat in der Schule keinen Platz, denn sie ist schädlich, belastend und destruktiv. Mit wenigen Worten kann man etwas zerstören, was über Jahre gewachsen ist. Schüler brauchen ein positives Umfeld mit positiv eingestellten Menschen. Viel zu viele Kinder haben genau das zu Hause nicht, aber in der Schule können wir für ein solches positives Umfeld sorgen. Eine negative Grundhaltung ist ansteckend und kann sich ausbreiten wie ein Lauffeuer. Zündeln Sie nicht, machen Sie nicht mit, und lassen Sie sich nicht von anderen anstecken.

Jammern

Ich habe doch die Wahl: Ich kann meine Tage entweder damit verbringen, mich über all die Arbeit zu beklagen, die mir abverlangt wird, oder ich kann sie damit verbringen zu unterrichten. Es wird immer eine Fülle von absolut nachvollziehbaren Gründen geben, mich zu beschweren. Und kaum habe ich mich über jeden einzelnen davon ausgiebig beklagt, ist schon wieder einer hinzugekommen. Aber wie gesagt: Ich habe die Wahl. Ich kann die Dinge entweder so akzeptieren, wie sie sind, oder ich kann meine Energie darauf verschwenden, darüber zu jammern.

Indiskret sein

Es gibt Dinge, die man im Unterricht nicht besprechen sollte. Beispielsweise müssen wir zwischen persönlichen und schulischen Problemen strikt trennen. Natürlich sind wir alle Menschen und haben daher mit für Menschen typischen Problemen zu kämpfen, aber wir sollten diese Probleme niemals mit ins Klassenzimmer nehmen und bei unseren Schülern abladen.

Meine Schwester Annette hat das einmal sehr schön auf den Punkt gebracht: »Wenn man keine persönlichen Probleme hätte, dann wäre das unmenschlich. Aber wenn man seine persönlichen Probleme mit in den Unterricht schleppt, dann ist das unprofessionell.«

Persönliche Probleme, bei denen es um andere Lehrer, andere Schüler und so weiter geht, mit der ganzen Klasse zu diskutieren ist völlig unangemessen. Die Schüler versuchen natürlich, Lehrer in solche Diskussionen zu verwickeln. Professionelle Lehrer lehnen das entschieden ab und würden sich im eigenen Unterricht niemals darauf einlassen.

Anderen die Schuld geben

Die Schüler bringen schlechte Leistungen. Sie machen selten ihre Hausaufgaben und kommen dafür umso häufiger zu spät in den Unterricht. Wir sollen ihnen helfen, bessere Noten zu erzielen, aber wir sind gekränkt und vermissen den nötigen Rückhalt. Was tun wir also? Wir schieben anderen den Schwarzen Peter zu!

- Wir geben den Lehrern im letzten Schuljahr die Schuld: Hätten sie ihre Arbeit gut gemacht, dann wäre es mit den Schülern nie so weit gekommen.
- Wir schieben die Schuld den Eltern in die Schuhe: Deren Gleichgültigkeit und mangelnde Unterstützung haben die Situation verschärft (oder sind sogar verantwortlich dafür).
- Wir machen die Schulleitung verantwortlich: Sie sollte »etwas unternehmen«, bevor sie uns solche Schüler in den Unterricht

schickt. »Wenn ich Schulleiterin wäre, würde ich die schon auf Vordermann bringen!«

- Wir geben der Gesellschaft die Schuld: Nichts ist mehr wie früher.

Und dann stellen wir fest, dass wir zu erschöpft sind, zu unterrichten. Wir haben genügend Gründe für unser Scheitern gefunden. Wir haben den Schülern eigenhändig einen Freibrief ausgeschrieben zu versagen. Wir haben alle Chancen aus dem Weg geräumt.

Sich herausreden

Wir haben anscheinend für alles eine Ausrede: Wir haben eine Ausrede, wenn wir ewig brauchen, um die Klausuren zu korrigieren. Wir haben eine Ausrede, wenn wir zu spät zur Lehrerkonferenz kommen. Wir haben eine Ausrede, wenn wir nicht pünktlich aus der Großen Pause kommen. Wir haben eine Ausrede, wenn wir die Zeugnisnoten zu spät abgeben.

Aber wir hassen es und dulden es nicht, wenn unsere Schüler uns Ausreden auftischen!

 Beispiele für den Fehler

Machen wir uns nichts vor: Das Leben steckt voller Überraschungen. Ein Kind wird plötzlich krank, das Auto hat eine Reifenpanne, auf der Autobahn gibt es einen Unfall. Wir haben einen Arzttermin, oder es gibt Stau wegen einer Sportveranstaltung. Das sind Dinge, die uns allen schon passiert sind, und deshalb haben wir alle Verständnis, wenn etwas Unvorhergesehenes passiert – und zwar dann, wenn wir es am wenigsten erwarten und am wenigsten gebrauchen können.

Aber Mrs. Vahn war ein Ausnahmefall. Soweit die Schulleiterin und ihre Kollegen zurückdenken konnten, waren ihr an jedem einzelnen Schultag gleich mehrere dieser Dinge passiert. Mrs. Vahn kam regelmäßig zu spät zum Unterricht. Ständig wurden Lehrer, die in der ersten Stunde im Nachbarzimmer unterrichteten, gebeten, auf ihre Schüler aufzupassen, bis sie eintraf. Sie wirkte permanent völlig durcheinander und lief auf der Suche nach irgendetwas aufgeregt hierhin und dorthin. Der Gong zur ersten Stunde ertönte um 7:30 Uhr, und Mrs. Vahn hastete immer zwischen 7:30 und 7:35 Uhr ins Schulgebäude. (Lehrer mussten um 7:15 Uhr anwesend sein.) Das ging jahrelang so. Sie hatte immer irgendeine Entschuldigung. Mit den Ausreden, die sie im Lauf der Jahre ansammelte, hätte man ein ganzes Buch füllen können.

Dann fiel der Beschluss, den Schultag eine halbe Stunde nach hinten zu verlegen. Statt um 7:30 Uhr begann der Unterricht nun erst um 8:00 Uhr. Die Kollegen, die Mrs. Vahns Unpünktlichkeit regelmäßig ausbaden mussten, waren begeistert und erleichtert. Vorbei die Jahre, in denen sie die Hauptleidtragenden von Mrs. Vahns unprofessionellem Verhalten waren. Mit dem permanenten Zuspätkommen würde es nun ein Ende haben. Doch weit gefehlt. Raten Sie mal, wann sie fortan in der Schule eintraf! Genau: zwischen 8:00 und 8:05 Uhr.

Sie können sich denken, dass es in anderen Bereichen ähnlich aussah. Sofern Mrs. Vahn bei wichtigen Konferenzen überhaupt auftauchte, kam sie meistens zu spät. Regelmäßig war sie zu spät auf ihrem Posten, wenn sie zum Beispiel Pausenaufsicht hatte. Aber sie war nie verlegen um eine Ausrede, denn ihrer Meinung nach hatte sie stets einen triftigen Grund. Erinnert Sie das vielleicht an einige Ihrer Schüler?

Mr. Siegen beschwert sich über alles und jeden. Die Schulbücher sind veraltet. Die Kinder haben keinen Respekt. Die Schulleitung greift nicht hart genug durch. Die Lehrer sind zu nachgiebig. Die Schulbehörde stellt zu hohe Erwartungen. Von Konferenzen nach Unterrichtsschluss ist in seinem Vertrag keine Rede. Es gibt zu wenig Computer. Der Lehrplan ist ein Witz. Und so weiter und so fort.

Außerdem beschwert er sich, dass kaum jemand seine »Anliegen« ernst nehme. Diese Vermutung ist höchstwahrscheinlich zutreffend.

Sein endloses Klagelied hat dazu geführt, dass ihn seine Kollegen einfach nicht mehr ernst nehmen. Aufgrund seiner negativen Haltung gegenüber allem und jedem sahen alle in seinem Umfeld sich gezwungen, sich zu ihrem eigenen Schutz von ihm abzuschotten. Nur mit ihm in einem Zimmer zu sein ist schon unangenehm. Seine Kollegen haben das Glück, sich entschuldigen und das Weite suchen zu können. Seinen Schülern ist diese Option verwehrt.

 ### Den Fehler korrigieren

Unprofessionelles Verhalten ist ein Problem, das unbedingt angegangen und aus der Welt geschafft werden muss. Ich hoffe für Sie und Ihre Kollegen, dass Sie dabei den Rückhalt einer starken, engagierten Schulleitung haben, die unprofessionellem Verhalten auf allen Ebenen entschieden entgegentritt.

Wenn Sie befürchten, sich unprofessionell verhalten zu haben, dann bügeln Sie Ihren Fehler aus. Gestehen Sie ihn ein und machen Sie ihn wieder gut. Verhalten Sie sich so, wie Sie es sich von Ihren Schülern wünschen.

Sollten Sie einmal im Zweifel sein, ob Sie sich in einer bestimmten Situation unprofessionell verhalten haben, dann halten Sie inne, und stellen Sie sich vor, jemand anders hätte sich so verhalten. Wäre es Ihnen bei jemand anderem unprofessionell vorgekommen? Aha.

 ### Den Fehler vermeiden

Gerade junge Lehrer lassen sich leicht von der negativen Einstellung, von den Klagen und den Ausreden der Fraktion der Schwarzseher beeinflussen, die immerzu auf der Suche nach neuen Rekruten sind. Für diese Veteranen sind junge, unerfahrene Kollegen, die gern dazugehören wollen, ein gefundenes Fressen. Lassen Sie sich nicht darauf ein. Sobald diese Veteranen merken, dass an Ihrer Professionalität nicht zu rütteln ist, lassen sie Sie in Ruhe.

Gehen Sie negativen Menschen aus dem Weg, so gut Sie können. Schlechte Angewohnheiten wie jammern, anderen die Schuld in die Schuhe schieben und Ausreden erfinden sind ansteckend und treffen uns oft genau dann, wenn wir am wenigsten darauf gefasst sind. Sind Sie einmal mit diesen Angewohnheiten infiziert, werden Sie sie nur schwer wieder los.

 Quintessenz

Für uns Lehrer ist professionelles Verhalten das A und O. Wir stehen unter ständiger Beobachtung durch unsere Schüler – ob uns das gefällt oder nicht. Wir dürfen ihnen nicht vorleben, was wir ihnen niemals bewusst beibringen würden. Tatsache ist, dass unsere Schüler viel mehr auf das hören, was wir tun, als auf das, was wir sagen. Unprofessionelles Verhalten ist wie eine heimtückische Krankheit, gegen die niemand gefeit ist. Wenn man nichts dagegen unternimmt, kann sie zur Epidemie werden. In unseren Schulen hat sie nichts verloren. Die Schüler erleben heutzutage genügend Beispiele für Unprofessionalität. Seien Sie jederzeit und unter allen Umständen ein Muster an Professionalität. Auch die ist ansteckend!

Fehler № 10

Die Erwartungen zurückschrauben

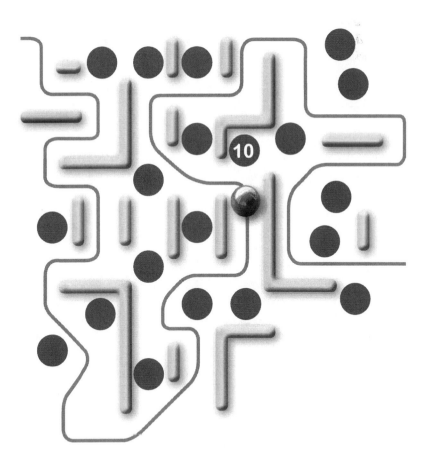

Den Fehler erkennen

Ein sechsjähriges Kind hat einmal zu mir gesagt: »Mein Lehrer hat mich für viel gescheiter gehalten, als ich war – also war ich's auch.« Es war das Tiefsinnigste und in seiner Schlichtheit und Direktheit Treffendste, was ich je gehört hatte. Jemand viel Älterer und Klügerer hätte es nicht besser ausdrücken können.

Kinder glauben, was man ihnen sagt. Sie machen sich das zu eigen, was wir über sie denken und von ihnen erwarten. Sie werden zu dem, was sie unserer Überzeugung nach werden können. Sie erreichen das, was ihnen die Menschen in ihrem Umfeld zutrauen. Es steht in unserer Macht, ihr Potenzial im Keim zu ersticken oder sie dabei zu unterstützen, ihre Möglichkeiten auszuschöpfen und schließlich über sich hinauszuwachsen.

Ich habe 24 Jahre lang Problemschüler unterrichtet, und ich kann Ihnen versichern, dass die meisten selten oder nie die Leistungen erzielt haben, zu denen sie in der Lage gewesen wären. Die meisten Schüler trauen sich leider selbst viel zu wenig zu. Warum? Weil ihre Lehrer und die anderen Erwachsenen in ihrem Leben ihnen nicht mehr zutrauen. Die Folge ist, dass die Schüler sich mit dem zufrieden geben, was sie erreicht haben.

Wenn Sie überzeugt sind, dass Sie keine guten Leistungen erzielen können, dann werden Sie auch keine guten Leistungen erzielen. Wenn ich als Ihr Lehrer überzeugt bin, dass Sie keine guten Leistungen erzielen können, dann bestätige ich Sie in Ihrem Glauben. Damit ist die Messlatte gelegt, und zwar viel zu niedrig. Sie werden niemals auf einen grünen Zweig kommen, weil niemand auch nur im Entferntesten damit rechnet. Wer keine positiven Erwartungen hat, hat keine Ziele. Und wer keine Ziele hat, strengt sich nicht an. Doch wer sich nicht anstrengt, der tritt auf der Stelle – und fällt in vielen Fällen noch zurück.

Beispiel für den Fehler

Die meisten Schüler leisten nicht mehr, als von ihnen verlangt wird. Lehrer mit geringen Erwartungen verlangen in der Regel wenig und geben sich mit noch weniger zufrieden. Mrs. Mason ist eine solche Lehrerin.

Mrs. Mason unterrichtet an einer Schule Mathematik, in der viele Schüler sogenannten »Risikogruppen« angehören. Da die Vergleichsarbeiten an der Schule extrem schlecht ausfallen und auch alle anderen Kennzahlen am unteren Ende der jeweiligen Skala liegen, gilt ihre Schule als Problemschule. Mrs. Mason unterrichtet seit mehr als 20 Jahren dort. Ihren Aussagen zufolge ist es ein Schuljahr wie jedes andere:

- Die Schüler sind extrem leistungsschwach.
- Ihre Rechenfähigkeit ist praktisch nicht vorhanden.
- Den Schülern ist alles egal.
- Die Schüler sind unmotiviert.
- Den Eltern ist alles egal.
- Die Schulleitung ist keine Hilfe.
- Der Großteil der Schüler wird durchfallen.

An ihrer vorgefassten Meinung ist nicht zu rütteln. Ihre Erwartungen sind niedrig bis nicht vorhanden. Sie erwartet nicht mehr von ihren Schülern, als sie ihrer Meinung nach leisten können. Da die Schüler ihrer Ansicht nach so gut wie gar nichts leisten können, sind ihre Erwartungen minimal. Entsprechend sieht ihr »Unterricht« aus.

Eines Tages stattete ich Mrs. Mason einen informellen Besuch ab. Ich setzte mich hinten in ihr Klassenzimmer und verfolgte eine ihrer Unterrichtsstunden. Die Achtklässler lösten gerade einfache Multiplikations- und Divisionsaufgaben, und sie saß vorne am Lehrerpult. Als die Schüler das Arbeitsblatt ausgefüllt hatten, fuhr sie mit dem Unterricht fort. Mrs. Mason nannte für jede Aufgabe die richtige Lösung. Manche Schüler korrigierten ihre falschen Ergebnisse, andere machten sich die Mühe erst gar nicht. Es wurde nichts erklärt, und die meisten Schüler waren unaufmerksam.

Das war im Dezember, und im März mussten die Schüler eine Vergleichsarbeit schreiben. Ich bin keine Mathematikexpertin, aber ich weiß, dass die Schüler die Grundfertigkeiten in diesem zentralen Test auf einer höheren Ebene anwenden müssen – in Aufgaben, die analytisches Denken erfordern. Sie müssen in der Lage sein, Textaufgaben zu entschlüsseln und herauszufinden, welche Schritte zur Lösung dieser Aufgaben notwendig sind. Erst wenn sie den Rechenweg herausgefunden haben, können sie ihre grundlegenden Rechenfähigkeiten anwenden. Was mir Sorge bereitete, war, dass die Schüler offenbar schon mit den Grundfertigkeiten zu kämpfen hatten. Wie sollten sie je das Niveau erreichen, das zum Bestehen der Prüfung notwendig war?

Mein Verdacht bestätigte sich, als ich mit Mr. Charles sprach, dem Fachleiter für Mathematik.

»Mrs. Mason weigert sich, ihre Schüler zu fordern«, sagte er. »Ihr Vertrauen in die Fähigkeiten ihrer Schüler geht gegen null. Davon legen ihr Verhalten und ihre negative Einstellung beredtes Zeugnis ab. Sie traut ihren Schülern nichts zu, und deshalb trauen sich die Schüler selbst nichts zu. Ich habe versucht, ihr zu helfen und ihr einige neue Methoden und Ideen vorzustellen, aber sie hat das Angebot abgelehnt. Ich fürchte, der Misserfolg ist bei ihren Schülern auch dieses Jahr wieder vorprogrammiert.«

Mr. Charles empfahl mir einen Unterrichtsbesuch in einer anderen 8. Klasse.

»Sie sollten mal bei Mrs. Andrews vorbeischauen, die ebenfalls Mathematik in der achten Klasse unterrichtet. Sie werden nicht glauben, was die aus ihren Schülern herausholt. Ach ja, falls Sie es noch nicht wissen: Die Schüler von Mrs. Andrews sind die schwächsten an der ganzen Schule. Sie gelten als ›unterdurchschnittliche‹ Klasse. Aber die Schüler wissen davon offenbar nichts. Mrs. Andrews vermittelt ihnen die Überzeugung, dass sie es mit jeder beliebigen Klasse aufnehmen können!«

Den Fehler korrigieren

Als ich mich bei Mrs. Andrews hinten ins Klassenzimmer setzte, fiel mir als Erstes auf, dass die Schüler viel älter wirkten als in Mrs. Masons Klasse. Wie ich später erfuhr, waren die Schüler von Mrs. Andrews zwar in der achten Klasse, aber alle mindestens eine Jahrgangsstufe zurück. Ich dachte zurück an mein Gespräch mit Mr. Charles, dem zufolge diese Klasse als »unterdurchschnittlich« galt. Hätte ich das nicht im Voraus gewusst, dann hätte ich es nie geglaubt!

Mrs. Andrews schien überall gleichzeitig zu sein. Sie eilte von einem Schüler zum anderen. Alle waren konzentriert bei der Arbeit. Während sie von Schüler zu Schüler flitzte, sah man sie die ganze Zeit loben und auf Schultern klopfen. Mir fiel auf, dass an der Tafel eine ziemlich schwierige Textaufgabe stand. Rings um den Text verliefen Pfeile zu Anmerkungen und Notizen, die in unterschiedlichen Farben geschrieben und dadurch leicht zu erfassen waren. Immer wieder eilte Mrs. Andrews zurück an die Tafel, erklärte einen anderen Gedankenschritt, zeichnete einen weiteren Pfeil ein und stellte den Schülern Fragen. Und dann machten sich alle wieder an die Arbeit und versuchten, die Aufgabe zu lösen.

Als alle fertig waren, ging Mrs. Andrews wieder nach vorn an die Tafel. Sie ließ nicht locker, bis die Schüler ihr jeden einzelnen Gedankenschritt noch einmal genau erklärt hatten. Richtige Antworten akzeptierte sie nur, wenn die Schüler eine gute, vernünftige Erklärung mitliefern konnten. Mrs. Andrews lobte die Schüler für jede richtige Antwort, für jede Anstrengung und jedes Aha-Erlebnis.

Mr. Charles hatte recht gehabt. Hätte ich es nicht besser gewusst, dann hätte ich gedacht, dass das eine gute Klasse war. Ganz bestimmt keine unterdurchschnittliche. Es war nicht zu übersehen: In dieser Klasse lag die Messlatte deutlich höher.

Nach der Stunde unterhielt ich mich noch kurz mit Mrs. Andrews und gratulierte ihr zu dem, was sie mit ihrem Einsatz erreicht hatte. Sie erzählte mir, dass die Schüler sehr leistungsschwach gewesen seien, als sie die Klasse übernommen habe. Die meisten hätten nicht einmal die einfachsten Multiplikations- und Divisionsaufgaben lösen können.

»Aber ich habe keine Zeit, mich damit aufzuhalten«, sagte sie. »Es gibt Wichtigeres zu tun.«

Ich fragte sie, wie sie die Schüler auf dieses Niveau gebracht habe.

»Wir machen einfach«, sagte sie. »Am Anfang mache ich zu Stundenbeginn ziemlich schematische Übungen, um die grundlegenden Fertigkeiten zu trainieren. Das geht ziemlich zur Sache, aber die Schüler lernen schnell. Und dann drücke ich ihnen einen Taschenrechner in die Hand! Wie gesagt, es gibt Wichtigeres zu tun, und wir dürfen keine Zeit verschwenden. Diese Schüler haben einiges an Potenzial. Sie wissen das am Anfang nur selber nicht. Wenn sie erst Geschmack daran gefunden haben, erfolgreich zu sein, dann sind sie nicht mehr zu bremsen!«

Eines stand für mich fest: Auch Mrs. Andrews war so leicht nicht zu bremsen!

 Den Fehler vermeiden

Zunächst der Hinweis: Wir *müssen* unsere Erwartungen hoch halten, aber wir dürfen *niemals* zu viel in zu kurzer Zeit erwarten! Das Entscheidende ist, die richtige Balance zu finden. In Kapitel 4 ging es darum, wie wichtig es ist, Schülern Erfolgserlebnisse auf ihrem eigenen Lernniveau zu ermöglichen, bevor man sie mit schwierigeren Aufgaben fordert. Jedes Erfolgserlebnis trägt das nächste bereits in sich. Wer einmal auf den Geschmack gekommen ist, hat meist Appetit auf mehr.

Mrs. Andrews stellte zwar sehr hohe Erwartungen an ihre Schüler, aber sie machte nicht den Fehler, in zu kurzer Zeit zu viel zu erwarten. Weil sie kontinuierlich hohe Erwartungen hatte, konnten die Leistungen ihrer Schüler nicht stagnieren. Sie waren ständig gefordert, weil die Lehrerin ihnen immer schwierigere Aufgaben stellte. Durch dieses System von aufeinander aufbauenden, allmählich immer schwieriger werdenden Aufgaben sorgte Mrs. Andrews dafür, dass die Schüler nicht mutlos wurden – was leicht geschehen wäre, wenn sie in zu kurzer Zeit zu viel verlangt hätte.

Den Fehler, unsere Erwartungen zurückzuschrauben, können wir vermeiden, wenn wir uns bewusst machen, auf welchem Lernniveau unsere Schüler sind und wo wir mit ihnen hinwollen.

 Quintessenz

Schüler trauen sich nur so viel zu, wie wir, ihre Lehrer, ihnen zutrauen. Wir müssen die Messlatte höher legen und unsere Schüler davon überzeugen, dass sie es schaffen können. Das kann nur dann gelingen, wenn wir ihnen Erfolgserlebnisse verschaffen. Nichts ist erfolgreicher als der Erfolg. Erst wenn wir unseren Schülern Erfolgserlebnisse ermöglicht haben, können wir sie mit schwierigeren Aufgaben fordern.

Es gibt so viel brachliegendes Potenzial. Viel zu wenige Schüler wachsen jemals über sich hinaus. Wir als Lehrer können daran etwas ändern. Wenn wir unsere Schüler dabei unterstützen wollen, gute Leistungen zu erzielen, müssen wir ihnen etwas zutrauen. Sie müssen an Ihre Schüler glauben – dann glauben die Schüler auch an sich selbst.

Fehler № 11

Schüler ungerecht behandeln

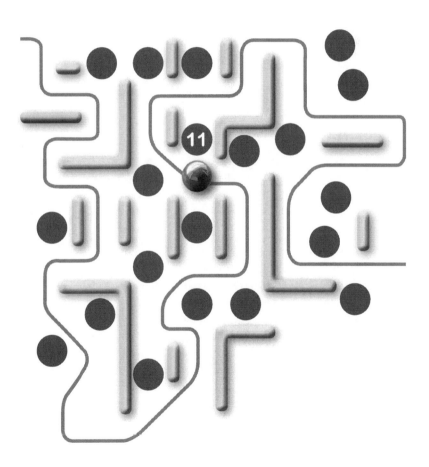

Den Fehler erkennen

Fairness bedeutet in bestimmten Situationen, alle Schüler gleich zu behandeln. Dadurch ist sichergestellt, dass alle sich an die gleichen Regeln und Abläufe halten. Ein Verstoß gegen die Regeln zieht eine Sanktion oder Strafe nach sich. Diese Strafe ist für jeden, der gegen eine bestimmte Regel verstößt, die gleiche. Wenn alle, die sich etwas zuschulden kommen lassen, gleich behandelt werden, dann heißt das in der Regel, dass alle gerecht behandelt werden.

In anderen Situationen ist es ein Gebot der Fairness, Schüler ungleich zu behandeln:

- Würden Sie ein blindes Kind auffordern, etwas vorzulesen, das an der Tafel steht?
- Würden Sie ein Kind, das sich ein Bein gebrochen hat, einen 1000-Meter-Lauf absolvieren lassen?
- Würden Sie zwei Patienten, die an unterschiedlichen Krankheiten leiden, die gleiche Medizin verabreichen?

Regeln werden aufgestellt, damit alle sich daran halten. Nur so ist Ordnung möglich. In der Schule dienen Regeln dazu, einen effizienten Unterricht zu gewährleisten und ein angemessenes Lernumfeld zu schaffen. In den meisten Situationen ist es wichtig, dass alle sich an die gleichen Regeln halten und dass alle, die eine Regel übertreten, auf die gleiche Art und Weise bestraft werden.

Umgekehrt müssen wir uns darüber klar sein, dass Fairness nicht immer bedeutet, alle Schüler genau gleich zu behandeln. In manchen Situationen ist es vielmehr ein Gebot der Fairness, einen Schüler so zu behandeln, dass er möglichst gute Leistungen bringen kann. Ein anderer Schüler braucht vielleicht eine ganz andere Behandlung, um bestmögliche Leistungen zu erzielen. In einem solchen Fall heißt Fairness, die beiden Schüler unterschiedlich zu behandeln.

Zwar heißt es: »Regeln sind da, um gebrochen zu werden«, aber in Wirklichkeit gibt es Regeln, damit alle sie befolgen. Jede Stadt, jedes Unternehmen, jede Familie und so weiter – alle brauchen Regeln, um nicht im Chaos zu versinken. Das Gleiche gilt auch für Schulen: Ohne Ordnung kann eine Schule nicht wachsen und gedeihen.

Beispiele für den Fehler

Mrs. Rogers unterrichtet 25 lebhafte, übermütige Drittklässler. Wie in jeder Klasse gibt es auch in ihrer einige besonders Lebhafte und besonders Übermütige. Vor allem Jeremy bringt es nicht fertig, länger als ein paar Minuten stillzusitzen, ehe er unruhig und zappelig wird. Um seinen Bedürfnissen gerecht zu werden, muss die Lehrerin ihre Aufmerksamkeit regelmäßig von den anderen Schülern abwenden und sich auf Jeremy konzentrieren. Dabei ist ihr aufgefallen, dass es oft alles nur noch schlimmer macht, wenn sie Jeremy vor den anderen ermahnt. Da sie sein Verhalten auf Dauer keinesfalls dulden kann (weil das den anderen Schülern gegenüber ungerecht wäre), muss Mrs. Rogers kreativ werden und sich eine faire Möglichkeit überlegen, mit der Situation umzugehen und Abhilfe zu schaffen.

Mrs. Rogers beschließt, Jeremy einen »Sonderplatz« im Klassenzimmer zuzuweisen. Sie markiert einen Kreis von etwa eineinhalb Meter Durchmesser und stellt ein eigenes Pult hinein. Dann zeigt sie Jeremy seinen Platz und erklärt ihm, dass er jederzeit in den Kreis gehen könne, wenn er das Bedürfnis habe, aufzustehen oder sich zu bewegen. Aber er müsse mitnehmen, woran er gerade arbeite. Auf dem Weg dorthin dürfe er nicht mit anderen sprechen oder sie stören. Im Kreis könne er nach Belieben im Sitzen oder im Stehen arbeiten, solange er den Kreis nicht verlasse. Solange er sich an diese Regeln halte, dürfe er den Kreis benutzen, so oft er wolle.

Als Jeremy am nächsten Tag nervös auf seinem Stuhl hin und her zu rutschen begann, zeigte Mrs. Rogers einfach nur auf den Kreis. Sie nahm Jeremy und führte ihn in den Kreis. Dabei fuhr sie mit dem Unterricht fort, um zu verhindern, dass die ganze Klasse nur noch auf Jeremy achtete. Als dieser auf seinem Sonderplatz angekommen war, flüsterte sie ihm zu: »Vergiss nicht, dass du immer in diesem Kreis bleiben musst. Du kannst dich hinsetzen oder aufstehen, aber du musst weiterarbeiten wie alle anderen auch.« Beim ersten Mal behielt Mrs. Rogers Jeremy gut im Auge. Danach kam er meistens ohne ihre Hilfe zurecht.

Die anderen Schüler fühlten sich deswegen nicht ungerecht behandelt. Sie fanden es sogar gut, dass Mrs. Rogers Jeremy einen Sonderplatz eingerichtet hatte. Dadurch hatte sie wieder mehr Zeit für die übrigen Schüler. Mrs. Rogers musste Jeremy also anders als die anderen Schüler behandeln, um allen anderen Schülern gerecht zu werden.

Werfen wir als Beispiel dafür, dass es ohne Regeln nicht geht, einen Blick auf den Umgang mit Zuspätkommen an der Arcadia Middle School. Dort haben die Schüler zwischen zwei Unterrichtsstunden fünf Minuten Zeit, um von einem Unterrichtsraum zum nächsten zu gelangen. Laut Schulordnung müssen alle Schüler beim Gong im nächsten Unterrichtsraum sein. Jeder Lehrer führt Buch darüber, wie oft die Schüler zu spät in den Unterricht kommen. Es sind folgende Sanktionen festgelegt:

- 1. Mal: Verwarnung und Eintrag ins Klassenbuch
- 2. Mal: Eintrag ins Klassenbuch, Mitteilung an die Eltern
- 3. Mal: Nachsitzen
- 4. Mal: Nachsitzen beim Schulleiter
- 5. Mal: Vorübergehender Ausschluss vom Unterricht
- 6. Mal: Vorübergehender Ausschluss vom Unterricht
- 7. Mal: Schulverweis empfohlen

Alle Schüler der Schule sind aufgefordert, sich an diese Regelung zu halten. Wer die Schule besucht, stellt fest, dass nach dem Gong kaum Schüler auf den Gängen anzutreffen sind. Vor Einführung dieser Regelung war das anders.

In jeder Schule gibt es Schüler, die jede Regel erst einmal austesten, um zu sehen, was passiert. An der Arcadia Middle School haben einige Schüler am eigenen Leib erfahren, dass es der Schulleitung ernst ist. Eine Reihe von Schülern musste nachsitzen, einige auch beim Direktor. Eine Handvoll wurde vorübergehend vom Unterricht ausgeschlossen. Zu einem Schulverweis als Ultima Ratio ist es allerdings nie gekommen.

Ein Schüler von Mr. Dixon hat sich bei einem Autounfall ein Bein gebrochen und muss auf Krücken gehen. Nun wird vermutlich kein Mensch den Standpunkt vertreten, dass die Regel trotzdem für ihn gelten sollte. Die Lehrer machen für ihn eine Ausnahme und lassen ihn entweder früher gehen oder sehen es ihm nach, wenn er zu spät kommt. Empfinden die anderen Schüler das als ungerecht? Natürlich nicht. Alle sind sich einig, dass die Regelung in einem solchen Ausnahmefall nicht greift.

Mr. Simon unterrichtet zehn Schülern mit Behinderungen. Die spezifischen Schwierigkeiten der einzelnen Schüler sind sehr unterschiedlich. Drei seiner Schüler sind hörbehindert, zwei sind sehbehindert, die übrigen sind aus unterschiedlichen Gründen leicht lernbehindert.

Lernen alle diese Schüler zur gleichen Zeit mithilfe desselben Ansatzes den gleichen Stoff? Schreitet der Unterricht für alle im selben Tempo voran? Legen sie alle gemeinsam die gleichen Prüfungen ab? Ich hoffe nicht, denn das wäre ein grober Fehler. Es wäre den Schülern gegenüber unfair. »Gerecht« zu sein heißt in diesem Fall, die Schüler »ungleich« zu behandeln.

 Den Fehler korrigieren

In allen oben genannten Beispielen haben die Lehrer die nötigen Vorkehrungen getroffen. Hätten sie den Fehler gemacht, alle Schüler gleich zu behandeln, so wäre das unfair gegenüber denen gewesen, die besonderer Rücksichtnahme bedürfen. Indem die Lehrer auf die individuellen Bedürfnisse der Schüler eingegangen sind, haben sie einige Schüler anderes behandelt als andere. Und doch haben sie alle Schüler gerecht behandelt.

 Den Fehler vermeiden

Wir müssen um jeden Preis vermeiden, Schülern gegenüber ungerecht zu sein. Wenn Schüler sich unfair behandelt fühlen, zumal von einem Erwachsenen, dessen Obhut sie anvertraut sind, steht automatisch das Vertrauen auf dem Spiel. Ist das Vertrauensverhältnis gestört, nehmen beide Seiten eine Abwehrhaltung ein und verschanzen sich zusehends. Die Folge ist ein Klima, das dem Lernen alles andere als zuträglich ist.

5 Tipps für den gerechten Umgang mit Schülern

1. Vergessen Sie nicht, dass »gerecht« nicht immer »gleich« heißt.
2. Manchmal muss man einige Schüler anders behandeln als den Rest der Klasse, um allen gerecht zu werden.
3. Von extremen Ausnahmen (wie dem Jungen mit dem gebrochenen Bein) abgesehen, sind Regeln dazu da, befolgt zu werden.
4. Lehrer müssen Regeln, Arbeitsabläufe und Vorschriften konsequent umsetzen. Wenn etwas in der Schulordnung steht, sollten Sie sich strikt daran halten.
5. Es ist niemals gerecht, nicht für das Wohl des Einzelnen Sorge zu tragen. Die Annahme, alle seien gleich, ist einer der größten Fehler, die wir als Lehrer machen.

 Quintessenz

Schüler gerecht zu behandeln bedeutet nicht, alle Schüler gleich zu behandeln. In vielen Fällen bedeutet es vielmehr genau das Gegenteil. Ich habe noch nie einen gerechten Lehrer getroffen, der schlechten Unterricht gegeben hätte, und ebenso wenig einen ungerechten Lehrer, der guten Unterricht erteilt hätte. Letztlich ist es eine Frage des Vertrauens. Wenn die Schüler Vertrauen zu Ihnen haben, weil sie wissen, dass Sie sie gerecht behandeln, dann werden sie sich auch anstrengen. Ist das Verhältnis stabil und von gegenseitigem Respekt geprägt, so entsteht ein Klima, das dem Lernen förderlich ist.

Ein Lehrer, der seine Schüler gerecht behandelt, der Regeln konsequent einhält und Abläufe entschlossen umsetzt, erntet bei seinen Schülern Bewunderung, Respekt und Vertrauen. Das heißt nicht, dass die Schüler mit seinen Entscheidungen immer glücklich sind. Aber es bedeutet, dass die Schüler seine Entscheidungen nachvollziehen können und als gerechte und faire Folge ihres Handelns akzeptieren. Zeigen Sie mir einen Lehrer, der seinen Schülern mit Konsequenz, Achtung, Respekt und Fairness begegnet, und ich zeige Ihnen einen erfolgreichen Lehrer mit einem Klassenzimmer voller erfolgreicher Schüler. Ist das ein faires Angebot?

Fehler № 12

Die eigenen Prioritäten aus den Augen verlieren

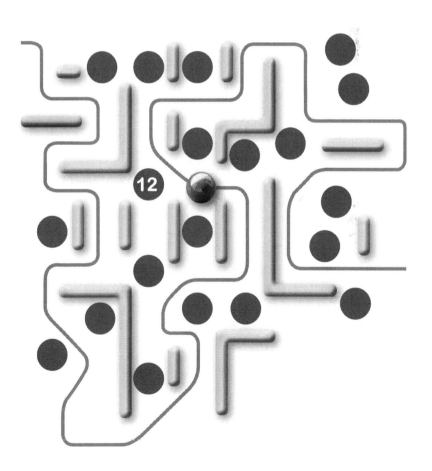

Den Fehler erkennen

Lehrer müssen Prioritäten setzen. Manche Dinge dulden einfach keinen Aufschub und müssen bis zu einem bestimmten Zeitpunkt erledigt sein. Was Priorität hat und von höchster Wichtigkeit ist, dürfen wir nicht vernachlässigen.

Wir müssen Meister darin werden, mit all den Anforderungen zu jonglieren, die tagtäglich an uns gestellt werden. Wir müssen uns gut vorbereiten, unser Klassenzimmer in Ordnung halten, den vom Lehrplan vorgesehenen Stoff in der vorgegebenen Zeit vermitteln, an Konferenzen teilnehmen, Elternabende abhalten, Formulare ausfüllen, Pausenaufsicht führen und so weiter.

Weil wir von den dringlichen Aufgaben so in Anspruch genommen sind, kann es allzu leicht geschehen, dass wir Dinge vernachlässigen, die ebenso wichtig sind, im Augenblick aber weniger dringlich erscheinen.

- Wir stehen derart unter Zeitdruck, den geplanten Stoff zu vermitteln, dass wir es versäumen, von unserem Stundenkonzept abzuweichen, wenn sich spontan eine gute Gelegenheit bietet, den Schülern etwas ganz anderes beizubringen.
- Wir stellen keinen Bezug zur Lebenswelt der Schüler her, weil wir glauben, dafür keine Zeit zu haben.
- Wir überspringen Themen, bei denen die Schüler etwas fürs Leben lernen könnten, weil sie in der zentralen Vergleichsarbeit nicht abgefragt werden.
- Wir haben beim Unterrichten mehr den Stoff im Auge als die Schüler.
- Wir missachten unsere eigenen Bedürfnisse, bis wir so überlastet sind, dass unsere Schüler nur noch das bekommen, was von uns übrig ist. Und das ist nicht genug.
- Anstelle der drängendsten Aufgaben machen wir die dringendsten Aufgaben zu unserer Priorität – und vergessen oft den Unterschied zwischen »eilig« und »wichtig«.

Nicht selten wirkt sich das auch auf unser Privatleben aus, und manchmal ist unser Privatleben auch die Ursache solcher Probleme:

- Wie oft haben Sie sich schon geärgert, dass Sie eine Veranstaltung oder eine besondere Gelegenheit verpasst haben, weil sie nicht ganz oben auf Ihrer Prioritätenliste stand?
- Wie oft ist das »Heute« völlig an Ihnen vorbeigerauscht, weil Sie so beschäftigt waren, für das »Morgen« zu planen?
- Wann haben Sie zuletzt eine Einladung ausgeschlagen oder die Bitte um Hilfe abgelehnt, weil Sie keine Zeit hatten?
- Wann haben Sie zuletzt spontan eine Einladung zu etwas angenommen, das Sie nicht geplant hatten?

Auf einen kurzen Nenner gebracht: Was wir im Leben am meisten bereuen, sind die verpassten Gelegenheiten.

 Beispiel für den Fehler

Zunächst muss ich Ihnen etwas gestehen: Ich gehöre zu den Leuten, die für alles eine Liste brauchen. Bevor ich irgendetwas anfange, mache ich mir immer zuerst eine Liste. Und dann gebe ich keine Ruhe, bis alle Punkte abgehakt sind. Ich hasse es, wenn mich irgendetwas dazu zwingt, von meiner Liste abzuweichen – selbst wenn es etwas ist, was mir sehr wichtig ist oder sich langfristig als sehr wichtig erweisen könnte. Ehe ein Punkt unerledigt bleibt, streiche ich ihn lieber von der Liste. (Ich habe da ein Problem, und vielleicht sollte ich mir Hilfe holen!)

Meine Freundin Laurie ist das genaue Gegenteil von mir. Sie schreibt nie eine Liste. Sie gehört zu den Menschen, die nicht Nein sagen können. Sie ist stets entgegenkommend, egal, worum man sie bittet. Das Problem ist nur: Sie schreibt sich nicht auf, wozu sie sich bereit erklärt hat, und vergisst allzu oft, es auch wirklich zu tun. Sie hat ein Problem, und sie braucht definitiv Hilfe. (Ich könnte ihr schon helfen, aber auf mich hört sie ja nicht.)

Die Wahrheit ist, dass es sowohl für Laurie als auch für mich vernünftiger (und vor allem gesünder) wäre, wenn wir uns irgendwo in der Mitte treffen würden. (Ich mache mich auf den Weg dorthin, sobald ich meine Liste für heute abgearbeitet habe. Auf Laurie werde ich allerdings vergeblich warten, weil sie es sich nicht aufgeschrieben hat.)

Ich bin das beste Beispiel dafür, wie sich dieser Fehler auf den Unterricht auswirkt. Im Laufe meines Lehrerdaseins habe ich nämlich zwei Zeitalter erlebt: die Zeit *vor* und die Zeit *nach* der Einführung zentraler Vergleichsarbeiten.

In der Zeit vor der Einführung zentraler Vergleichsarbeiten und ähnlicher standardisierter Tests hatten wir als Lehrer sehr viel mehr Freiraum. Natürlich haben wir unsere Stunden geplant, in der Regel ausgehend vom jeweiligen Schulbuch, aber wir hielten nicht strikt an unserer Unterrichtsplanung fest. Wir klammerten uns viel weniger an das Schulbuch.

Bot sich spontan eine gute Gelegenheit, Schülern etwas Wichtiges zu vermitteln, so ergriffen wir sie dankbar beim Schopf. Selbst ich, die Planerin par excellence, plante Zeit für solche Aha-Erlebnisse ein. Ich wusste sie zu schätzen und war mir im Klaren darüber, dass sie gerade deshalb so wertvoll sind, weil man sie nicht planen kann. Ich glaube, am meisten dazugelernt haben meine Schüler damals genau in solchen Momenten, die nicht auf meiner Liste standen, sondern sich ganz spontan ergaben.

Im Rückblick betrachtet haben sich viele Situationen, die völlig ungeplant waren und die ich damals als absolut unbedeutend wahrnahm, als ungemein wichtig für meine Zukunft oder die Zukunft meiner Schüler erwiesen.

Einige Jahre nachdem ich meine Laufbahn als Lehrerin angetreten hatte, brach das »Testzeitalter« an. Im Unterricht schien sich fortan alles nur noch um den nächsten standardisierten Test zu drehen. Das Lernklima änderte sich. Es gab sehr viel weniger Spontaneität, und die Tage des sich organisch entwickelnden Unterrichts waren gezählt. Der Unterricht im neuen Zeitalter war oftmals starr und ziemlich unflexibel. Viele Lehrer wurden zusehends nervös und gereizt. Das lag jedoch nicht an uns. Es wurde einfach in zu kurzer Zeit zu viel von uns verlangt. Kein Wunder, dass wir in Panik gerieten.

Zum Glück für Lehrer und Schüler gleichermaßen haben wir einen goldenen Mittelweg gefunden. Im Lauf der Zeit haben wir gelernt, dass wir unseren Schülern alles Nötige vermitteln können, ohne dabei das Wichtigste aus den Augen zu verlieren: dass wir es mit Menschen aus Fleisch und Blut zu tun haben. Wir haben erkannt und akzeptiert, dass auf Vergleichsarbeiten dasselbe zutrifft wie auf unseren Unterricht generell: Auch hier gilt es, einen Bezug zur Lebenswelt der Schüler herzustellen. Heute wissen wir, dass eine erfolgreiche Vorbereitung auf zentrale Vergleichsarbeiten nicht ausschließt, den Schülern den Stoff in einer Weise nahezubringen, die an ihre täglichen Erfahrungen anknüpft. Wir können die geforderten Inhalte vermitteln, ohne Dinge zu vernachlässigen, die vielleicht nicht prüfungsrelevant, aber genauso wichtig sind.

 Den Fehler korrigieren

Sind Sie vergesslich? Das sind wir doch alle. Wir alle brauchen ab und zu eine Gedächtnisstütze, damit wir die entscheidenden Dinge nicht aus den Augen verlieren. Listen können uns dabei als Leitfaden und Richtschnur dienen. Bei all den Anforderungen, die heute an uns Lehrer gestellt werden, brauchen wir jede Hilfe, die wir bekommen können. Bei all den Abgabeterminen und Zeitvorgaben in heutigen Schulen können wir uns nicht einfach nur auf unser Gedächtnis verlassen.

Ohne Hilfsmittel ist der Lehreralltag nicht zu bewältigen. Bestimmte Aufgaben müssen zu einem bestimmten Termin erledigt sein, ob uns das gefällt oder nicht. Wenn etwas kommenden Freitag fertig sein muss, dann schreiben Sie es sich für Freitag in den Kalender. Wenn Sie sich zu etwas bereit erklärt haben, dann erledigen Sie es gewissenhaft. Andere zählen auf Sie!

Fällt es Ihnen schwer, zu entscheiden, was für Sie oberste Priorität genießt? Oder haben Sie klare Prioritäten und müssen trotzdem immer wieder feststellen, dass sie bestimmte Dinge vernachlässigt haben? Falls ja, dann stellen Sie sich folgende Frage: Was werde ich am meisten bereuen, wenn ich später auf diesen Tag (oder mein Leben) zurückblicke?

Wie auch immer Ihre Antwort ausfällt: Werfen Sie einen Blick auf Ihre Prioritätenliste. Finden Sie dort Ihre Antwort wieder?

Den Fehler vermeiden

Wenn wir umsichtig vorgehen, können wir verhindern, dass wir unsere Prioritäten aus den Augen verlieren. Wir müssen uns vornehmen, alles zu tun, damit wir keine wichtigen Verpflichtungen vergessen.

7 Tipps, um Ihren Prioritäten treu zu bleiben

1. Haben Sie Ihren Kalender immer und überall dabei.
2. Schreiben Sie sich wichtige Termine sofort auf. Ein Kalender, in dem nicht alle Termine stehen, ist nutzlos. Halten Sie Abgabetermine strikt ein. Erledigen Sie die entsprechenden Aufgaben rechtzeitig.
3. Planen Sie unvorhergesehene Ereignisse ein. Das Leben steckt voller Überraschungen. Seien Sie auf alles gefasst.
4. Nehmen Sie auch die wirklich wichtigen, aber nicht dringlichen Dinge in Ihre Liste auf, denn sie zu vernachlässigen werden Sie später am meisten bereuen.
5. Ein Unterrichtsentwurf sollte nicht mehr als eine Richtschnur sein. Seien Sie bereit, spontan davon abzuweichen. Die besten Gelegenheiten, wichtige Einsichten zu vermitteln (denen Sie ursprünglich keine Priorität eingeräumt haben), lassen sich nicht planen.
6. Kennzeichnen Sie in Ihren Unterrichtsentwürfen Inhalte, die ein »Muss« sind. Wenn Sie diese heute nicht vermitteln können, müssen Sie es morgen tun.
7. Bedenken Sie die Folgen Ihres Handelns oder Nicht-Handelns für andere. Könnten Ihre Versäumnisse einen Dominoeffekt auslösen? Wird das Ganze gefährdet, weil Sie Ihren Teil nicht beitragen?

 **Quintessenz**

Die besten und angesehensten Lehrer sind diejenigen, denen es gelingt, die schwierige Balance zu halten zwischen jenen Aufgaben, die dringlich sind und sofort erledigt werden müssen, und jenen, die weniger dringlich, deshalb aber nicht weniger wichtig sind. Diese Lehrer schaffen es, den an sie gestellten Anforderungen gerecht zu werden und trotzdem spontan zu bleiben, während sie eine geplante Stunde halten. Diese Lehrer sind sich bewusst, dass wichtige Dinge, die für die weitere Entwicklung der Schüler von entscheidender Bedeutung sein können, oft vernachlässigt werden, weil sie als weniger dringlich erscheinen.

Die besten Lehrer sind »Macher«, die gleichzeitig ein Gespür für Dinge haben, die sich von selbst entwickeln können. Sie unterrichten mit Weitblick und haben immer das große Ganze im Auge, auch wenn sie in der konkreten Situation nur eine unklare Vorstellung davon haben. Sie verzetteln sich nicht in Dinge, die im Grunde vollkommen unwichtig sind und keinen langfristigen Wert haben. Sie verschwenden keine Zeit, sondern gehen sehr effizient mit ihr um. Wie könnten sie sonst so viel schaffen, ohne jemals gestresst oder überarbeitet zu wirken?

Überprüfen Sie Ihre Prioritätenliste: Sollten Sie in mancher Hinsicht andere Prioritäten setzen?

Fehler № 13

Inkonsequent sein

Den Fehler erkennen

Jeder Lehrer wünscht sich einen Schulleiter, der gut organisiert ist, verlässlich ist und andere begeistern kann. Wir schätzen eine Führungspersönlichkeit, die für ein harmonisches Klima sorgt, indem sie alle fair behandelt und niemanden bevorzugt. Wir finden es gut, wenn sie die Regeln und Arbeitsabläufe, die an unserer Schule für ein reibungsloses und effektives Funktionieren sorgen, konsequent und ohne Ausnahme anwendet.

Wie kommt es dann, dass wir so häufig vergessen, auch unseren Schülern gegenüber so aufzutreten? Im Laufe meiner Beobachtungen von zahlreichen Lehrern bin ich zu dem Schluss gekommen, dass eines der größten Hindernisse auf dem Weg zu einem effektiven Lehren und Lernen der Mangel an Konsequenz im Umgang mit Schülern ist.

Disziplin im Klassenzimmer wird nicht in erster Linie von den Schülern verhindert, auch wenn sie meist die Ersten sind, auf die mit Fingern gezeigt wird. Vergessen Sie nicht: Die Schüler sind Kinder – ob sie nun fünf oder 18 Jahre alt sind. Wir sind die Erwachsenen.

Genau wie Erwachsene sehnen sich auch Kinder nach einem gut strukturierten Umfeld. Sie wollen und brauchen verlässliche, vertrauenswürdige Führung. Ein solches Umfeld kann nicht entstehen, wenn Inkonsequenz an der Tagesordnung ist.

Regeln sind dazu da, für einen geordneten Unterricht zu sorgen. Oft werden sie irgendwo im Klassenzimmer aufgehängt, sodass jeder sie sehen kann. Unabhängig von der Klassen- und Altersstufe sind diese Regeln meist eher allgemein gehalten. Häufige Regeln sind zum Beispiel:

- Melde dich und warte, bis du aufgerufen wirst.
- Lass deine Mitschüler in Ruhe.
- Sei pünktlich.
- Hab immer alle nötigen Unterrichtsmaterialien dabei.
- Wenn du aufstehen willst, bitte vorher um Erlaubnis.
- Behandle andere mit Respekt.
- Wirf Müll in den Abfalleimer.

Wenn das eine typische Liste von Regeln ist, die in den meisten Klassen gelten – wie kommt es dann, dass der Unterricht nicht überall läuft wie geschmiert? Und wie kann es sein, dass er in manchen Klassenzimmern bestens funktioniert? Alles hängt davon ab, ob der Anführer, also der Lehrer, die Regeln auch konsequent umsetzt. Der Lehrer ist der entscheidende Faktor: Wenn er die Regeln und Arbeitsabläufe nicht konsequent anwendet, dann werden die Schüler die Regeln und Arbeitsabläufe auch nicht konsequent befolgen. Das eine bedingt das andere.

Dabei sollten wir deutlich unterscheiden zwischen einer *Regel* und einem *Arbeitsablauf*:

- Eine *Regel* ist mit einer Sanktion verbunden. Bricht ein Schüler eine Regel, so muss in irgendeiner Form eine Strafe oder eine Sanktion die Folge sein.
- Ein *Arbeitsablauf* ist ein regelmäßig eingesetztes Verfahren, das für einen reibungslosen Unterricht sorgt. Wenn ein Arbeitsablauf nicht eingehalten wird, ist das kein Anlass für eine Strafe oder eine Sanktion, da kein Regelverstoß vorliegt.

  Ausnahme: Missachtet ein Schüler absichtlich einen Arbeitsablauf, der lange genug eingeübt worden ist, so kann trotzdem eine Sanktion angebracht sein. Vorher sollten Sie jedoch alle anderen Möglichkeiten ausschöpfen, wie ein Vier-Augen-Gespräch mit dem Schüler oder einen Anruf bei den Eltern.

In einem gut geführten Klassenzimmer gibt es viele Arbeitsabläufe und nur wenige Regeln. Setzt der Lehrer die Arbeitsabläufe konsequent um, so kann vieles zum Arbeitsablauf werden, was wir bisher als Regel betrachtet haben. Für manche Dinge *muss* es jedoch Regeln geben. Körperliche Gewalt, Zuspätkommen und respektloses Verhalten zum Beispiel sind Verstöße, die in jedem Fall umgehend eine eindeutige Sanktion nach sich ziehen müssen.

Was Regeln betrifft, so muss der Lehrer unmissverständlich erklären, was er von seinen Schülern erwartet und mit welcher Sanktion sie im Falle einer Übertretung zu rechnen haben. (Neben jeder Regel sollte die Sanktion symbolisch dargestellt sein.)

Was Arbeitsabläufe betrifft, so muss der Lehrer folgende drei Schritte durchführen, damit ein bestimmter Arbeitsablauf zur Routine wird:
1. Vermitteln
2. Einüben
3. Anwenden

Im ersten Schritt, *Vermitteln,* muss der Lehrer den Schülern ganz genau erklären, wie ein bestimmter Arbeitsablauf auszuführen ist. Dazu muss er ihn mehrmals erläutern und demonstrieren.

Im zweiten Schritt, *Einüben,* muss er den Schülern Gelegenheit geben, den Arbeitsablauf selbst auszuprobieren. Das kann unheimlich viel Spaß machen und eine wunderbare Lernerfahrung sein. Sagen Sie Ihren Schülern, dass jetzt der ideale Zeitpunkt ist, es *nicht* richtig zu machen. Sie sollten sie sogar ausdrücklich dazu ermuntern, Fehler zu machen. Erklären Sie ihnen, dass man aus Fehlern am meisten lernt.

Im dritten Schritt, *Anwenden,* beginnt der Lehrer konsequent umzusetzen, was er den Schülern vermittelt und mit ihnen geübt hat. Wenn ein Schüler den Arbeitsablauf falsch ausführt, dann erinnert der Lehrer ihn einfach an die korrekte Vorgehensweise (und zwar umgehend) und lässt ihn den Arbeitsablauf so lange üben, bis er zur Routine wird.

 Beispiel für den Fehler

Die Klasse hat gerade die korrekte Vorgehensweise gelernt und geübt, wie sie sich die Aufmerksamkeit des Lehrers verschaffen sollen. Die Schüler haben gelernt, dass sie sich melden müssen, wenn sie etwas zu sagen haben – immer und ohne Ausnahme. Einem Beobachter fällt auf, dass ein Schüler mit einer Frage herausplatzt und der Lehrer darauf antwortet. Dieses Spiel wiederholt sich mehrere Male. Als das Verhalten überhandnimmt und den Unterrichtsablauf stört, erklärt der Lehrer den Schülern, dass sie sich melden müssen, bevor sie etwas sagen.

Laut Schulordnung müssen alle Schüler mit dem Gong im Klassenzimmer sein. Zu diesem Zeitpunkt müssen alle Türen geschlossen sein. Einem Beobachter auf dem Flur fällt auf, dass in einer Klasse jeden Tag mehrere Schüler mit einigen Minuten Verspätung eintrudeln. Das ist umso auffälliger, als alle anderen Türen geschlossen sind, wenn der Gong ertönt.

Die Schüler haben gelernt, wie sie vorgehen müssen, wenn sie von ihrem Platz aufstehen wollen. Der Lehrer hat ihnen erklärt, dass sie dazu seine Erlaubnis einholen müssen – immer und ohne Ausnahme. Einem Beobachter fällt auf, dass die Schüler zum Abfalleimer gehen, wann immer sie Lust haben. Ein Schüler steht auf, ohne zu fragen, und holt etwas aus seiner Jacke an der Garderobe. Ein anderer geht mitten im Unterricht nach vorn, um den Lehrer etwas zu fragen. Der Lehrer beantwortet die Frage und fährt dann mit dem Unterricht fort. Schließlich, als sich eine weitere Schülerin auf den Weg nach vorne macht, greift der Lehrer ein. Die Schülerin wird wütend und murmelt wüste Beschimpfungen, während sie auf ihren Platz zurückgeht.

 ### Den Fehler korrigieren

Der Lehrer hat den Schülern die korrekte Vorgehensweise vermittelt, sich die Aufmerksamkeit des Lehrers zu verschaffen, und sie mit ihnen eingeübt. Das Problem lag in der Phase des Anwendens, weil der Lehrer es mehrmals duldete, dass Schüler sich nicht daran hielten. Er hat es mehreren Schülern durchgehen lassen, mit einer Frage herauszuplatzen, bevor er gegen das Verhalten einschritt.

Hätte der Lehrer gleich das erste Kind ermahnt, zuerst die Hand zu heben und dann erst seine Frage zu stellen, so hätten andere Schüler vermutlich gar nicht erst versucht, das Gleiche zu tun. Der Lehrer muss sofort eingreifen, um keinen Präzedenzfall zu schaffen und einen Schneeballeffekt zu verhindern, durch den ein Gegensteuern immer schwieriger wird.

Sieht man sich die Klasse näher an, in der täglich Schüler zu spät kommen, so wird rasch deutlich, wo das Problem liegt. Der Lehrer

»regt sich auf«, aber er hält die Regelverstöße nie fest. Sanktionen sind zwar vorgesehen, werden aber nicht konsequent verhängt. Da die Schüler wissen, dass ihnen nichts passiert, kommen sie weiterhin zu spät. Wirft man einen Blick in die benachbarten Klassenzimmer, so findet man das genaue Gegenteil. Die Lehrer führen über Regelverstöße genauestens Buch und verhängen entsprechende Sanktionen. Die Folge: Bei ihnen sind die Schüler pünktlich.

Der Lehrer hat den Schülern die korrekte Vorgehensweise erklärt, wenn sie aufstehen wollen, und sie mit ihnen eingeübt. Doch auch hier haperte es bei der konsequenten Umsetzung. Der Lehrer ließ es mehreren Schülern durchgehen, ohne Erlaubnis aufzustehen, ehe er versuchte, die Vorgehensweise so durchzusetzen, wie er sie vermittelt und eingeübt hatte. Die Folge: ein ziemlich frustrierter Lehrer und ein ziemlich wütendes kleines Mädchen.

Der Lehrer hätte das Fehlverhalten gleich beim ersten Mal unterbinden sollen. Weil das nicht geschehen ist, begannen die Schüler, an seiner Entschlossenheit zu zweifeln. Also versuchten sie weiter, sich die Vorgehensweise nach Belieben »zurechtzubiegen« – genau so, wie alle Schüler (und Erwachsenen) es tun, wenn sie es mit einer schwachen und inkonsequenten Führungsperson zu tun haben.

 Den Fehler vermeiden

Lassen Sie es gar nicht so weit kommen, dass Sie den Fehler korrigieren müssen, und gehen Sie das Thema vom ersten Schultag an offensiv an. Entscheiden Sie als Erstes, welche Ihrer Erwartungen an die Schüler Regeln und welche Arbeitsabläufe darstellen sollen. Legen Sie von beiden eine Liste an, damit Sie sie Ihren Schülern an einem der ersten Schultage mitteilen können.

Im Folgenden finden Sie einige Beispiele für Regeln und Arbeitsabläufe, die ich meinen eigenen Listen entnommen habe. Die Liste der Arbeitsabläufe soll lediglich als Anhaltspunkt dienen. Im Lauf der Jahre werden aus den meisten Erwartungen Arbeitsabläufe, sodass man typischerweise viele Arbeitsabläufe und nur einige wenige Regeln hat.

Beispiele für Regeln:

- Sei pünktlich.
- Behandle andere mit Respekt.
- Bleibe ruhig und gefasst.
- Gib Hausaufgaben pünktlich ab.
- Hab immer alle nötigen Unterrichtsmaterialien dabei.

Beispiele für Aspekte des Unterrichts, zu denen Sie Arbeitsabläufe vereinbaren können oder sollen:

- Anwesenheitskontrolle
- Aufpassen und Zuhören
- Schwätzen im Unterricht
- Umgang mit Arbeitsmaterialien
- Materialien austeilen und einsammeln
- Vorgehensweise bei Gruppenarbeit
- Abfall wegwerfen
- zu Hause anrufen
- Erlaubnis einholen, um auf die Toilette zu gehen
- Klassenarbeiten schreiben
- Teilnahme an Schulveranstaltungen

 Quintessenz

Regeln und Arbeitsabläufe festzulegen ist – mit Ausnahme einiger weniger Vorgaben, die vom Schulgesetz oder der Schulleitung kommen – einzig und allein Verantwortung des Lehrers. Versäumt es der Lehrer, Regeln und Arbeitsabläufe festzulegen, dann tun es die Schüler. Sie machen sich gleich in den ersten Minuten des ersten Schultages daran. Schiebt der Lehrer dem keinen Riegel vor, so wird sich das Problem ohne Zweifel schnell auswachsen. Wenn das der Fall ist, wird es sehr viel schwieriger, gegenzusteuern. Um diesen Fehler zu vermeiden, müssen wir das Thema offensiv angehen:

- Treten Sie entschieden und bestimmt auf.
- Nehmen Sie sich Zeit, den Schülern Regeln und Arbeitsabläufe zu *vermitteln*.

- Nehmen Sie sich Zeit, die Regeln und Arbeitsabläufe *einzuüben*. Vergessen Sie nicht, die Schüler in dieser Phase ausdrücklich zu ermuntern, Fehler zu machen.
- Machen Sie sich umgehend daran, die Regeln und Arbeitsabläufe konsequent *anzuwenden*.
- Gehen Sie gegen Verstöße sofort und entschlossen vor. Wenn Sie das nicht tun, sind Schwierigkeiten vorprogrammiert.

Fehler № 14

Die Unterrichtsvorbereitung schleifen lassen

Den Fehler erkennen

Erfolg hat seinen Preis. Wie viel sind Sie zu zahlen bereit? Es ist die Antwort auf diese Frage, die bei Lehrern die Spreu vom Weizen trennt. Sind Sie bereit, einen viel höheren Preis zu zahlen, als Sie ursprünglich kalkuliert hatten? Falls Sie es noch nicht wissen sollten: Beim Unterrichten ist der Preis immer sehr viel höher als gedacht.

Unterrichten ist nichts für schwache Nerven. Der Lehrerberuf ist nichts für Faulpelze, und er ist nichts für Zaghafte, Lustlose und Zauderer! Unterrichten ist ein Knochenjob und oft sehr viel anstrengender als in Ihren schlimmsten Träumen befürchtet. Haben Sie das Zeug dazu?

Lassen Sie sich vom Augenschein nicht täuschen. Von außen betrachtet wirkt es, als hätten Lehrer das große Los gezogen:

- Sie haben mittags schon Feierabend.
- Sie haben die Wochenenden frei.
- Sie haben den ganzen Sommer über frei.
- Sie haben 13 Wochen bezahlten Urlaub pro Jahr.

Wenn Sie darüber nur lachen können, dann sind Sie vermutlich Lehrer. Wenn Sie kein Lehrer sind, aber vorhaben, einer zu werden, dann steht Ihnen eine riesige, erschütternde, unfassbare Überraschung bevor:

- Wenn um 13:00 Uhr der Gong ertönt, endet der Schultag der *Schüler*. Für die meisten Lehrer fängt der Arbeitstag dann erst an!
- Die Wochenenden sind für uns unverzichtbare Planungstage. Ohne sie wären wir für die folgende Woche ziemlich schlecht vorbereitet.
- Den ganzen Sommer über frei? Soll das ein Witz sein? Wir müssen uns auf das nächste Schuljahr vorbereiten, Unterrichtsmaterial erstellen, Fortbildungen besuchen, uns mit neuem Lehrmaterial vertraut machen, unseren Unterricht auf neue Vorgaben hin anpassen und so weiter.
- Schulferien sind kein bezahlter Urlaub. Der Großteil davon wird vom Korrigieren und Planen aufgezehrt.

Gute Lehrer wissen, dass die Unterrichtsvorbereitung das Anstrengendste am Lehrerdasein ist. Effektive Stunden entstehen nicht von selbst.

Mangelhafte Unterrichtsvorbereitung ist das beste Rezept für mangelhaften Unterricht. Auch die besten Lehrer können nur dann zu ihrer Hochform auflaufen, wenn sie sich ordentlich vorbereitet haben. Wenn er improvisiert, kann kein Lehrer ebenso gute Ergebnisse erzielen, als wenn er die Stunde gut durchdacht und geplant hat. Ist eine Stunde nicht gut vorbereitet, lernen die Schüler auch nicht viel.

Kann man sich durch eine schlecht vorbereitete Stunde erfolgreich durchlavieren? Wenn Sie ein guter Schauspieler sind, schon. Werden die Schüler am Ende die Zeche bezahlen? Definitiv. Und zwar immer und ohne Ausnahme. Unsere Schulen sind voll von guten Lehrern und voll von Hochstaplern. Zu welcher Kategorie wollen Sie gehören?

 Beispiel für den Fehler

Der Fehler besteht darin, zu verkennen, dass jedes Projekt sorgfältiger Planung bedarf, wenn es Erfolg haben soll. Stellen Sie sich vor, sie würden mit Ihrer Familie ohne jede Planung in den Urlaub fahren. Allein die Vorstellung ist völlig absurd. Malen Sie sich aus, wie Sie aufbrechen, ohne eine Ahnung, wohin es gehen soll, ohne Geld und ohne Koffer. Lächerlich! Gleiches gilt für die Schule:

- Würden Sie mit Ihren Schülern zu einer Exkursion aufbrechen, ohne jedes Detail genauestens zu planen?
- Würden Sie eine Stunde aus dem Stegreif halten, wenn der Schulleiter oder der Schulrat einen Unterrichtsbesuch angekündigt haben?
- Würden Sie eine ganz normale Stunde halten, ohne sie in allen Einzelheiten geplant zu haben? Viele Lehrer tun das leider. Dieser Fehler ist verantwortungslos und inakzeptabel – und doch habe ich ihn immer wieder erlebt.

Den Fehler korrigieren

Stellen Sie zunächst fest, ob Sie sich dieses Fehlers schon einmal schuldig gemacht haben. Wir haben fast alle schon Stunden gehalten, auf die wir nicht so gut vorbereitet waren, wie es angemessen gewesen wäre. Was war der Grund dafür?

- Habe ich den Fehler ganz bewusst gemacht?
- Sind meine Stunden im Lauf der Zeit so eintönig und immer gleich geworden, dass Unterrichtsplanung irgendwann nicht mehr nötig war, weil ich dasselbe Stundenschema Woche für Woche wiederholt habe?
- Habe ich es versäumt, Prioritäten zu setzen, sodass ich zu viel Zeit mit unwichtigen Dingen verschwendet habe?
- War mir die Zukunft meiner Schüler ebenso wichtig wie das, was ich lieber gemacht hätte, als mich auf den Unterricht vorzubereiten?

Waren Sie sich bewusst, wie viel Zeit Sie mit Unterrichtsvorbereitung verbringen würden, als Sie sich für den Lehrerberuf entschieden? Waren Sie bereit, diesen Preis zu zahlen? Hatten Sie sich darauf eingestellt, dass Unterrichten eine derart zeitaufwendige und anstrengende Tätigkeit sein würde?

Falls Sie diese Fragen mit »Nein« beantworten, dann machen Sie sich klar, dass Sie Ihren Beruf verfehlt haben. Sind Sie bereit, andere Prioritäten zu setzen, um Ihrem Job gerecht zu werden? Wenn ja, dann lesen Sie weiter.

 Den Fehler vermeiden

Am Anfang einer effektiven Unterrichtsvorbereitung sollte immer die Frage stehen, wohin die Reise gehen soll: Was ist das Ziel? Was möchte ich den Schülern vermitteln? Was sollen meine Schüler am Ende der Stunde gelernt haben, was sollen sie können?

Eine gut geplante Unterrichtsstunde besteht aus mehreren Grundbausteinen:

1. Fokussieren: Wie kann ich die Schüler »ködern«, damit sie »anbeißen«? Wie kann ich sie motivieren und Interesse für das Thema wecken? Erzähle ich ihnen eine Geschichte? Stelle ich einen Bezug zu ihrer Lebenswelt her? Gebe ich ihnen Gelegenheit, eigene Geschichten einzubringen? Mache ich ein Rollenspiel mit ihnen? Baue ich ein Überraschungsmoment ein, oder beginnt die Stunde wie jede andere?

2. Vermitteln: Wie kann ich den Schülern das neue Konzept nahebringen? Zeige ich es ihnen, beschreibe es, mache es vor? Mache ich es immer wieder vor und stelle ihnen dabei Fragen? Fordere ich sie auf, eigene Gedanken und Kritik zu formulieren? Vergleiche ich die neue Fertigkeit mit einer bereits gelernten? Können wir auf einer bereits erworbenen Fertigkeit aufbauen? Wenn ja, wie?

3. Üben unter Anleitung: Haben die Schüler die Möglichkeit, die neue Fertigkeit selbst auszuprobieren? Wie kann ich ihnen dabei mit Rat und Tat zur Seite stehen? Wie kann ich feststellen, ob sie für den nächsten Schritt bereit sind? Ist es sinnvoll, davon auszugehen, dass sie alle gleichzeitig so weit sein werden? Was plane ich für diejenigen ein, die mehr Zeit und Unterstützung brauchen? Wie kann ich herausfinden, welche Schüler mehr Unterstützung und Aufmerksamkeit brauchen? Habe ich zwischendurch immer wieder Lernzielkontrollen eingebaut?

4. Selbstständiges Üben: Welche Übungen sollen die Schüler anschließend ohne Hilfe machen? Gibt es eine Leistungsüberprüfung? Wenn ja, in welcher Form? Sieht sie für alle Schüler gleich aus? Wie stelle ich fest, welche Schüler mehr Hilfe brauchen als andere? Woher weiß ich, dass das selbstständige Üben effektiv war? Waren alle Schüler konzentriert bei der Sache? Haben sie Fragen gestellt? Waren die Übungen ausreichend kreativ, damit sie weiterhin interessiert und aufmerksam waren?

5. Schluss/Wiederholung/Zusammenfassung: Worin soll die Stunde münden? Wiederholung und Verstärkung? Hausaufgabenstellung? Fragerunde oder Diskussion? In einen Ausblick auf das, was folgt? Wird es ein konkretes Ergebnis geben, das ich benoten kann?

Quintessenz

Mangelhafte Unterrichtsvorbereitung ist das beste Rezept für mangelhaften Unterricht. Und das ist das Letzte, was wir wollen. Die Unterrichtsvorbereitung ist vermutlich das Schwierigste am Unterrichten, weil sie so viele Facetten hat:

- Unterrichtsvorbereitung erfordert Zeit, Geduld, Gewissenhaftigkeit und Entschlossenheit.
- Unterrichtsvorbereitung erfordert klare Prioritäten und hervorragende organisatorische Fähigkeiten.
- Unterrichtsvorbereitung setzt voraus, dass man weiß, was guter, effektiver Unterricht ist und wie man ihn in der Praxis umsetzt.
- Unterrichtsvorbereitung erfordert genaue Kenntnis der jeweiligen Klasse und die Einsicht, dass keine Klasse wie die andere ist.
- Unterrichtsvorbereitung setzt voraus, dass man die individuellen Bedürfnisse der Schüler kennt und mit ihnen umzugehen weiß.

Jeder gute Lehrer wird Ihnen bestätigen, dass die schwierigste Phase beim Unterrichten die Vorbereitung ist und dass sorgfältige Vorbereitung die einzige Möglichkeit ist, beim Unterrichten Spaß zu haben! Unterrichten kann unglaublich erfüllend sein – aber nicht, wenn man mit den Folgen mangelhafter Planung kämpft: Desorganisation und Chaos.

Zuerst müssen Sie Zeit für die Unterrichtsvorbereitung einplanen. Dann können Sie sich daranmachen, Ihre Stunden so zu planen, dass ein effektiver Unterricht möglich wird. Alles andere ergibt sich von selbst.

Haben Sie schon die Stunden für morgen vorbereitet?

Fehler №15

Sich aus der
Verantwortung stehlen

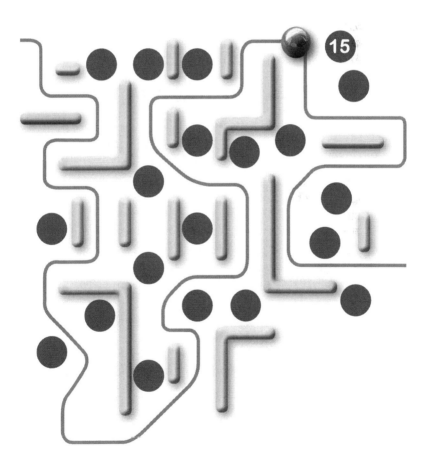

Den Fehler erkennen

In den erfolgreichen Schulen ziehen alle Lehrer und Mitarbeiter an einem Strang: Von der Schulleiterin bis zur Sekretärin, vom Hausmeister bis zum Koch in der Schulmensa arbeiten alle Hand in Hand. Jeder fühlt sich in seiner Rolle wohl und erledigt selbstbewusst seine Aufgaben. Alle kennen ihre Bedeutung als Teil des Ganzen.

In solchen Schulen steht das Wohl der Schüler an erster Stelle. Grundlage ist der Glaube an die Möglichkeit und Verpflichtung, den Charakter der Schüler zu formen. Bei Entscheidungen werden die Interessen aller berücksichtigt, in erster Linie jedoch die der Schüler. Vorherrschend sind nicht Egoismus und Pedanterie, sondern Altruismus.

Und jetzt – willkommen in der Realität!

Können Sie sich eine Schule vorstellen, in der wirklich alle reibungslos zusammenarbeiten? In der niemand ausgenutzt wird und niemand seine Macht missbraucht? In der jeder die Aufgaben erledigt, für die er bezahlt wird, und sich aus allem heraushält, was ihn nichts angeht? Eine Schande, dass das nicht mehr als ein Wunschtraum ist! Der Traum könnte wahr sein, wenn da nicht so viele wären, die das nicht zulassen. Kennen Sie so jemanden? Gehören Sie vielleicht auch dazu? Wollen Sie das wirklich?

Ich bin keine Schulleiterin, bin es nie gewesen und habe auch nicht vor, je eine zu werden. Ich habe viele Jahre in der Sekundarstufe I und dann einige Jahre im Schulamt gearbeitet. Als Lehrerin hatte ich immer gedacht, genau zu wissen, worin die Funktion eines Schulleiters besteht, aber was es tatsächlich bedeutet, begriff ich erst nach meinem Wechsel ins Schulamt. Erst dann wurde mir das Ausmaß der Verpflichtungen, Anforderungen und Verantwortung bewusst, die mit dieser Rolle einhergehen. Erst dann sah ich, wie oft sich ein Schulleiter mit Dingen herumschlagen muss, für die er gar nicht zuständig ist, und das nur, weil andere sich aus der Verantwortung stehlen:

- Ich habe erlebt, wie Sekretärinnen, Hausmeister, Mitarbeiterinnen in der Schulmensa und Lehrer (alles Erwachsene) von der

Schulleitung erwarteten, ihre persönlichen Differenzen mit Kollegen beizulegen.

- Ich wurde Zeugin, wie eben diese Lehrer nahezu täglich nach dem Schulleiter schickten, um mit »Notfällen« fertig zu werden. (In den meisten Fällen handelte es sich keineswegs um Notfälle.)
- Ich habe den Stapel mit Mitteilungen von Lehrern gesehen, die den Schulleiter (und mit ihm in vielen Fällen die Schulkonferenz!) baten, bestimmte disziplinarische Maßnahmen zu verhängen. Sich damit auseinanderzusetzen raubte dem Schulleiter wertvolle Zeit, die anderswo besser angelegt gewesen wäre. Dabei ging es in vielen dieser Mitteilungen eigentlich um Petitessen – um Dinge, die zum Tagesgeschäft gehören.

Als Lehrerin war ich immer davon ausgegangen, dass fast alles in meinem Klassenzimmer auch in meiner Verantwortung lag. Dafür wurde ich doch bezahlt? War nicht ich die Erwachsene, die auf die Schüler aufzupassen hatte? Wenn all das zum Job des Schulleiters gehörte, wozu hatte man mich dann angestellt? War ich dann nicht überflüssig?

Ein Schulleiter ist letzten Endes für alles verantwortlich, was in einer Schule vor sich geht. An ihn können wir uns wenden, wenn alle anderen Bemühungen nicht gefruchtet haben. Er ist unsere letzte Rettung, wenn alle Stricke reißen.

In meinem Klassenzimmer bin ich die Erwachsene. Daher liegt es in meiner Verantwortung, alle nötigen Entscheidungen zu treffen, um für ein geordnetes und diszipliniertes Lernumfeld zu sorgen. Sollte mein »Arsenal« irgendwann erschöpft sein, hole ich mir Hilfe – dann und nur dann. Bis dahin sollte ich als gestandene, ausgebildete Lehrerin mit typischen Schwierigkeiten wie den folgenden allein zurechtkommen:

- Schwätzen
- nicht erledigte Hausaufgaben
- unangemessenes Verhalten
- Kaugummikauen
- kleinere Verstöße gegen die Schulordnung

Dagegen kann und sollte niemand von mir erwarten, solche kritischen Situationen allein zu meistern:

- körperliche Gewalt
- Waffenbesitz
- Drohungen
- unverhohlen respektloses Verhalten

Dabei handelt es sich um Vorfälle, die in der Regel den vorübergehenden Unterrichtsausschluss oder Schulverweis rechtfertigen. Eine solche Angelegenheit muss ich an die Schulleitung weitergeben, damit sie darüber entscheidet und die nötigen Schritte in die Wege leitet.

 Beispiel für den Fehler

Mrs. Houston war schulbekannt. Sie war die Lehrerin, deren Klassen man immer schon von Weitem hörte. Sie war die Lehrerin, deren Schüler den Unterricht in den benachbarten Klassenzimmern störten. Sie war die Lehrerin, die ihre Schüler einfach nicht im Zaum halten konnte. Die Kinder tanzten ihr förmlich auf der Nase herum.

Mrs. Houstons Classroom Management beruhte auf leeren Drohungen, Strafarbeiten, Herumschreien, sarkastischen Bemerkungen sowie unzähligen Mitteilungen an die Schulleitung. Sie beschwerte sich regelmäßig, dass die Schulleitung nichts unternehme, um die Schüler zu disziplinieren. Die Schulleitung beschwerte sich regelmäßig, dass Mrs. Houston nichts unternehme, um ihre Klassen zur Ordnung zu rufen. Aufgrund ihrer Unfähigkeit, für Disziplin zu sorgen, fand in Mrs. Houstons Klassenzimmer selten effektiver Unterricht statt, und die Schüler lernten wenig.

An einem durchschnittlichen Tag zitierte Mrs. Houston mehrmals den Schulleiter in ihr Klassenzimmer und bestrafte mehrere Schüler mit einem Eintrag ins Klassenbuch. Die Gründe waren Schwätzen im Unterricht, »Arbeitsverweigerung« und Respektlosigkeit. Einem neutralen Beobachter wäre aufgefallen, dass die meisten respektlosen Bemerkungen von Schülern eine unmittelbare Reaktion auf den respektlosen Umgang ihrer Lehrerin waren.

Auch wenn die Schulleitung disziplinarisch tätig wird – an der Situation wird sich nichts Grundlegendes ändern, solange Mrs. Houston nichts ändert. Und zwar an ihrem eigenen Verhalten!

 ## Den Fehler korrigieren

Wie wir bereits im 2. Kapitel unter der Überschrift »Versuchen, andere zu kontrollieren« festgestellt haben, müsste Mrs. Houston zuerst sich selbst in den Griff bekommen, bevor sie in ihrem Klassenzimmer für ein geordnetes Lernumfeld sorgen kann. Ihr Ansatz, immer die Schulleitung zu bemühen, um ihre Schüler zur Ordnung zu rufen, ist zum Scheitern verurteilt. Die Einzige, die an der Atmosphäre und an der Arbeitshaltung in ihrem Klassenzimmer etwas ändern kann, ist Mrs. Houston. Solange sie ihre Autorität weiterhin an die Schulleitung abgibt, werden ihre Schüler nicht aufhören, ihre Schwäche auszunutzen.

Wenn Mrs. Houston in ihrem Unterricht für Disziplin sorgen möchte, muss sie zuerst sich selbst in den Griff bekommen. Ihr bisheriger Ansatz hat offensichtlich nicht funktioniert. Wenn sie etwas ändern möchte, muss sie bei sich anfangen. Das Einzige, was sie ändern kann, ist ihr eigenes Verhalten.

Immer gleiches Verhalten führt zu immer gleichen Ergebnissen. Wenn Ihr bisheriges Verhalten nicht die gewünschten Erfolge zeitigt, ist es an der Zeit, Ihr Verhalten zu ändern!

 ## Den Fehler vermeiden

Wer von der Schulleitung erwartet, dass sie Tag für Tag einen geordneten Unterricht in jedem einzelnen Klassenzimmer gewährleistet, ist unrealistisch und bürdet ihr etwas auf, wofür sie nicht zuständig ist. In der Verantwortung der Schulleitung liegt es, für reibungslose

Abläufe an der Schule zu sorgen. Der reibungslose Ablauf des Unterrichts im einzelnen Klassenzimmer liegt in der Verantwortung des Lehrers. Nur in Extremfällen, wie ich sie oben unter »Den Fehler erkennen« aufgelistet habe, sollte der Lehrer die Verantwortung an die Schulleitung abgeben.

Was in einem Klassenzimmer geschieht, ist Angelegenheit des jeweiligen Lehrers. Wenn Lehrer ihre Autorität nicht verlieren wollen, müssen sie unter Kontrolle haben, wie sie in bestimmten Situationen agieren und reagieren. Nur so lässt sich der Fehler vermeiden.

 Quintessenz

In Angelegenheiten, die eindeutig in ihrem Verantwortungsbereich liegen, dürfen Lehrer dem Drang nicht nachgeben, den Schulleiter zu Hilfe zu rufen. Wenn ein Lehrer regelmäßig nach disziplinarischen Maßnahmen von oben ruft, ist das der sicherste Weg, die eigene Autorität zu untergraben. Er sendet damit seinen Schülern die Botschaft, dass er mit seinem Latein am Ende ist. Für seinen Unterricht ist das das Todesurteil. An effektives Lehren und Lernen ist unter diesen Umständen nicht mehr zu denken.

Fehler № 16

Feedback auf die lange Bank schieben

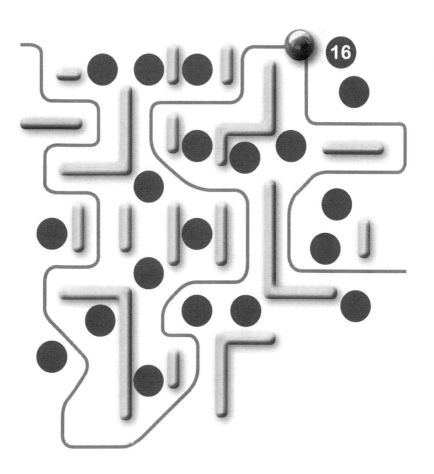

Den Fehler erkennen

»Feedback« zu geben bedeutet, auf Lerninhalte zurückzukommen, um etwas richtigzustellen oder zu bewerten. Im Unterricht kommt Feedback eine ganz besonders wichtige Rolle zu. Feedback ist im Grunde eine eigene Unterrichtsmethode. Seine größte Wirkung entfaltet es, wenn es eingesetzt wird, um Fehler zu korrigieren, zu verstehen – und sich an sie zu erinnern. Warum ist es so wichtig, dass unsere Schüler sich an ihre Fehler erinnern? Damit sie sie nicht noch einmal machen!

Wo keine Fehler gemacht werden, gibt es auch nichts zu korrigieren. Damit ich aus meinen Fehlern lernen kann, muss ich Gelegenheit haben, sie noch einmal zu betrachten, sie zu korrigieren und sie kritisch zu bewerten. Nur dann kommt es zu echten Lernprozessen.

Wenn Fehler aufgegriffen und als Chance betrachtet werden, etwas dazuzulernen, dann sind sie nicht vergebens. Lehrer sollten Fehler nicht als Problem sehen, sondern als Gelegenheit, den Schülern etwas beizubringen. Das Zeitfenster, in dem man aus Fehlern lernen kann, ist kurz. Damit sie ihre Fehler richtig einschätzen und entsprechend umsteuern können, müssen Schüler zunächst begreifen, wie und warum es zu den Fehlern kam.

Gute Lehrer sind sich bewusst, dass es ein menschliches Grundbedürfnis ist, Feedback zu erhalten. Wir alle, unabhängig von unserem Alter, wünschen uns eine Rückmeldung, wie effektiv wir eine bestimmte Aufgabe erledigt haben oder unsere Arbeit machen. Ohne Feedback werden wir selbstzufrieden und träge. Wünschen nicht auch wir Lehrer uns eine sofortige Rückmeldung, wenn die Schulleiterin oder der Schulrat uns einen Unterrichtsbesuch abgestattet hat? Also, ich damals schon.

Auch Schüler wünschen sich schnellstmöglich Feedback, wenn sie eine Klassenarbeit oder einen Test geschrieben haben. Oft fragen sie den Lehrer, wann er voraussichtlich mit der Korrektur fertig sein wird. Ein guter Lehrer versucht, wenn irgend möglich, schriftliche Arbeiten gleich in der nächsten Stunde zurückzugeben, spätestens in der darauffolgenden Stunde. Durch zu spätes Feedback verringert sich die Chance, dass die Schüler etwas aus ihren Fehlern lernen.

Vor Kurzem habe ich ein dreitägiges Seminar für eine große Gruppe von Lehrern und Schulleitern aus Louisiana geleitet. In diesem Bundesstaat gibt es seit 1994 einen eigenen Zertifizierungsprozess für alle Lehrer, die neu in den Lehrerberuf einsteigen wollen. Die Teilnehmer an meinem Seminar wollten Prüfer für diesen Zertifizierungsprozess werden. Um die Prüfungsberechtigung zu erwerben, mussten die Teilnehmer im Rahmen des Seminars selbst drei Tests bestehen.

Als Seminarleiterin (und ehemalige Lehrerin) weiß ich, wie wichtig schnellstmögliches Feedback ist, damit man aus Fehlern lernen kann. Außerdem ist mir bewusst, dass diese Erwachsenen wissen wollen, wie sie abgeschnitten haben, und zwar aus dem gleichen Grund, aus dem unsere Schüler es wissen wollen.

Bei jedem der drei Tests stellten mir die Teilnehmer die zwei gleichen Fragen:

1. Wie viele Fragen dürfen wir falsch beantworten, ohne durchzufallen?
2. Wann erfahren wir das Ergebnis?

Kommt Ihnen das bekannt vor? Sind das nicht die gleichen Fragen, die Ihnen Ihre Schüler immer stellen? Wenn es um Feedback geht, unterscheiden sich Erwachsene kein bisschen von Schülern!

Ich korrigiere die Tests immer in der Mittagspause, damit ich sie noch am gleichen Tag zurückgeben kann. Die Seminarteilnehmer wissen das zu schätzen. Und bei unseren Schülern ist es nicht anders.

Wenn Sie glauben, dass schnelles Feedback bei einem bestimmten Test nicht wichtig und/oder sinnvoll ist, dann sollten Sie sich fragen, ob der Test wirklich notwendig war. Anders ausgedrückt: Was fangen Sie mit den Testergebnissen an? Nehmen wir an, einige Schüler haben den Test nicht bestanden. Nehmen Sie dann das Ergebnis als Ausgangspunkt für den weiteren Unterricht (indem Sie manches noch einmal erklären), oder fließt das Ergebnis einfach in die Gesamtnote ein? Gute Lehrer wissen, dass beides der Fall sein sollte.

Feedback ist am wirkungsvollsten, wenn es zeitnah erfolgt. Nur dann kann es dazu beitragen, den Lernprozess zu optimieren, indem es einen dreifachen Zweck erfüllt:

1. das Gelernte festigen
2. Fehler korrigieren, damit man aus ihnen lernen kann
3. als Ausgangspunkt dienen, um bestimmte Punkte noch einmal zu erklären

 Beispiele für den Fehler

Den Schülern von Frau Immergleich mangelt es nicht an Noten, aber leider häufig an Wissen. Sie sind stets gut beschäftigt, aber selten lernen sie dabei wirklich etwas. Frau Immergleich verbringt viel Zeit damit, Stunden vorzubereiten und Prüfungen zu korrigieren, aber wenig Zeit mit dem eigentlichen Unterrichten. Eine durchschnittliche Schulwoche sieht bei Frau Immergleich so aus:

Montag:
- Einführung in das neue Thema
- Austeilen des Stapels an Arbeitsblättern, den die Schüler in dieser Woche abarbeiten sollen

Dienstag:
- Die Schüler sind weiterhin mit den Arbeitsblättern beschäftigt.
- Frau Immergleich korrigiert/benotet die Arbeitsblätter aus der vorangegangenen Woche.

Mittwoch:
- (siehe Dienstag)

Donnerstag:
- Alle Arbeitsblätter müssen fertig ausgefüllt sein und abgegeben werden.

Freitag:
- Test über den in dieser Woche »gelernten« Stoff
- Rückgabe und Besprechung des Tests und der Arbeitsblätter der vorangegangenen Woche

Zu dem Zeitpunkt, da die Schüler den Test und die benoteten Arbeitsblätter der vorangegangenen Woche zurückbekommen, haben sie bereits einen weiteren Stapel Arbeitsblätter ausgefüllt. Sie können sich kaum noch an den Stoff erinnern. Das Einzige, was sie an den Arbeitsblättern noch interessiert, ist ihre Note, da sie in die Gesamtnote einfließt. Frau Immergleich nimmt sich zwar die Zeit, die auf den Arbeitsblättern gemachten Fehler zu korrigieren und zu besprechen, aber das Zeitfenster, in dem eine effektive Nachbesserung des Gelernten möglich gewesen wäre, hat sich durch Ihr Vorgehen längst geschlossen.

Das ist natürlich ein Extrembeispiel, aber das grundsätzliche Muster ist weit verbreitet. Schauen wir uns einen Fall an, den man leider noch häufiger findet.

Das Motto von Herrn Morgenreicht lautet: »Mach dir heute keine Sorgen, wenn es warten kann bis morgen!« Er hat gelernt, dass man manche Dinge so lange auf die lange Bank schieben kann, bis sie hinten runterfallen: »Wenn man etwas lange genug vor sich herschiebt, haben es irgendwann alle vergessen.«

Da Herr Morgenreicht es versäumt, effektive Unterrichtsstunden zu planen, bleibt ihm nichts anderes übrig, als die Unterrichtszeit mit sinnlosen Tests zu füllen. Die meisten Schüler, das hat er im Lauf der Jahre gelernt, sind konzentriert bei der Sache, wenn sie wissen, dass das Ergebnis benotet wird.

Da Herr Morgenreicht eigentlich weiß, dass viele dieser Tests wenig relevant sind, schiebt er die Korrektur oft ziemlich lange vor sich her, und manchmal warten die Schüler vergeblich auf das Ergebnis. Ist eine gewisse Zeitspanne vergangen, dann haben die Schüler den Stoff längst vergessen, und es lohnt sich nicht mehr, den Test zurückzugeben. Der Papierkorb von Herrn Morgenreicht ist voll von solchen längst vergessenen Tests.

Fassen wir zusammen: Herr Morgenreicht hat es versäumt, seine Schüler zu unterrichten. Diese blieben beim Schreiben von Tests weitgehend sich selbst überlassen, und wenn sie überhaupt Feedback bekamen, dann viel zu spät. Haben die Schüler etwas gelernt? Kann man Herrn Morgenreicht eigentlich mit guten Gründen einen Lehrer nennen?

Den Fehler korrigieren

Wenn Sie mit Ihren Schülern eine Klassenarbeit oder einen Test schreiben lassen wollen, sollten Sie sich zunächst folgende Fragen stellen:

- Worin liegen die Bedeutung und der Wert dieser Leistungsüberprüfung? Wozu dient sie?
- Werden die Schüler zeitnah Feedback bekommen, solange sie die Inhalte noch frisch im Gedächtnis haben und sich noch dafür interessieren?
- In welcher Form wird das Feedback erfolgen? Wird es dazu dienen, das Lernen zu fördern?
- Wie wird das Ergebnis den weiteren Unterricht bestimmen?

Auf jede dieser Fragen sollten Sie eine eindeutige Antwort haben. Wenn nicht, dann sollten Sie sich fragen, ob die Leistungsüberprüfung wirklich sinnvoll ist.

 Den Fehler vermeiden

In meiner Zeit als Lehrerin habe ich für mich die »24-Stunden-Regel« eingeführt. Ich habe mir nie länger als einen Tag Zeit gelassen, um meinen Schülern Feedback zu geben. Damit ich an diese Regel gebunden war, teilte ich sie zu Beginn jedes Schuljahres allen meinen Schülern mit. Wenn Sie sicherstellen wollen, dass Sie sich an Ihre Vorsätze halten, dann müssen Sie nur den Schülern die Möglichkeit geben, Sie zur Rechenschaft zu ziehen!

Größere Projekte zerlegte ich stets in kleinere Einheiten, die sich am Ende zu einem Ganzen zusammenfügten. Mit der Zeit hatte ich festgestellt, dass Schülern längere Arbeiten viel eher als machbar erscheinen, wenn sie diese in kleinen Schritten anfertigen können. Dabei müssen sie zu den einzelnen Einheiten zeitnah ein Feedback bekommen. Werden die Einzelnoten später zu einer Gesamtnote verrechnet, bekommen die Schüler eine bessere Vorstellung von der Gewichtung der einzelnen Teile. Wenn der Lehrer den Schülern schon während des Entstehungsprozesses Rückmeldung gibt, wirkt sich das außerdem positiv auf das Gesamtergebnis aus. Die Noten fallen besser aus, und die Schüler haben etwas dazugelernt. Was will man mehr?

Im Lauf der Jahre habe ich gelernt, dass eine Leistungsüberprüfung, die nicht zugleich dazu dient, den Schülern etwas beizubringen und den weiteren Unterricht anzupassen, im Grunde wertlos ist. Wenn man es sich wie Herr Morgenreicht leisten kann, eine Leistungsüberprüfung einfach wegzuwerfen und zu vergessen, dann muss sie von vornherein sinnlos gewesen sein. Eine benotete Klassenarbeit sollte nie als Lückenfüller benutzt werden. Auf diese Weise geht zu viel wertvolle Unterrichtszeit unwiederbringlich verloren.

Wenn wir Tests als ein Mittel betrachten, das nicht nur zur Benotung dient, sondern auch zur Verbesserung unseres Unterrichts, dann ist es für uns viel leichter, rechtzeitig umzusteuern. Prüfungsergebnisse stellen wichtige Informationen für die weitere Ausgestaltung des Lehr-und-Lern-Prozesses dar. Feedback auf die lange Bank zu schieben ist daher kontraproduktiv und sollte um jeden Preis vermieden werden.

 Quintessenz

Wenn wir die Bedeutung von *zeitnahem* Feedback aus den Augen verlieren, wird unser Feedback bedeutungslos. Eine verspätete Rückmeldung ist ineffektiv und nutzlos. Wenn wir Feedback auf die lange Bank schieben, lassen wir uns als Lehrer einmalige Chancen entgehen. Wir alle wünschen uns Feedback, und zwar sofort! Je schneller man eine Rückmeldung bekommt, desto wirkungsvoller ist sie. Morgen reicht nicht. Die Schüler warten!

Fehler № 17

Schüler davon abschrecken, mitzuarbeiten

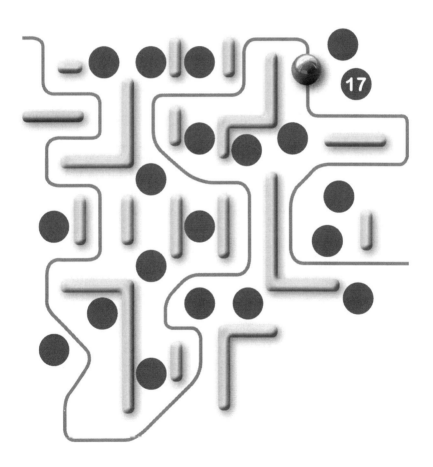

Den Fehler erkennen

Schüler von der Mitarbeit im Unterricht abzuschrecken ist das Letzte, was wir je bewusst tun würden. Schließlich beschweren sich viele Lehrer regelmäßig über die mangelnde Mitarbeit ganzer Klassen oder einzelner Schüler. Paradoxerweise schrecken viele von uns die Schüler unbewusst davon ab, sich aktiv am Unterricht zu beteiligen, und verhindern damit genau die Mitarbeit, die wir uns doch so sehr wünschen.

Es hat lange gedauert, bis ich auf Kosten meiner Schüler gelernt hatte, dass der Schlüssel zur zukünftigen Mitarbeit eines Schülers in meiner Reaktion auf seine Unterrichtsbeiträge lag. Meine Reaktion auf die falsche Antwort eines Schülers kann den Schüler von weiterer Mitarbeit abschrecken – oder ihn dazu ermutigen. So groß ist die Macht meiner Worte.

Im letzten Kapitel über die Bedeutung von zeitnahem Feedback haben wir darüber gesprochen, dass Fehler ein wichtiger Bestandteil des Lernprozesses sind. Sie sind nicht nur unvermeidlich, sondern können sehr fruchtbar sein. Wir können auf ihnen aufbauen. Doch damit sie Früchte tragen, müssen wir unseren Schülern vermitteln, dass es in Ordnung ist, Fehler zu machen. Wenn wir die Schüler davon abschrecken, Fehler zu machen, dann schrecken wir sie unweigerlich davon ab, im Unterricht mitzuarbeiten. Aber dazu wollten wir sie doch eigentlich ermutigen!

Im Grunde ist die Sache ganz einfach: Aus Fehlern lernt man, und deshalb muss man sich kein bisschen schämen, wenn man einen Fehler macht. Die traurige Wahrheit ist: Erst wir Lehrer sorgen dafür, dass Schüler sich für ihre Fehler schämen.

 Beispiel für den Fehler

Die Worte eines Lehrers können nachhaltige Wirkung entfalten. Hier eine Liste von wirkungsvollen, aber verletzenden Antworten, die Lehrer auf falsche Schülerantworten geben können:

- »Wenn du mal aufgepasst hättest, wüsstest du die richtige Antwort!«
- »Darüber reden wir doch jetzt seit Wochen. Wo bist du denn die ganze Zeit gewesen?«
- »Keine Ahnung? Was soll das heißen: Keine Ahnung?«
- »Jeder Drittklässler muss das wissen. Vielleicht solltest du lieber noch mal die 2. Klasse besuchen?«
- »Das war eine leichte Frage. Wie willst du mit den schwierigen Fragen fertig werden?«
- »Offensichtlich hast du deine Hausaufgaben nicht gemacht.«

Wenn ein Lehrer jemals so etwas zu mir gesagt hätte, hätte ich mich *nie wieder* gemeldet. Ja, ich wäre so sehr damit beschäftigt gewesen, über diese Worte nachzugrübeln, dass ich überhaupt nichts anderes mehr hätte aufnehmen können.

Es gibt Lehrer, die rufen bewusst Schüler auf, die gerade nicht aufpassen, nur um sie bloßzustellen. Falls das mal jemand mit Ihnen gemacht hat, dann wissen Sie genau, wie sich das anfühlt: Die Idee dabei ist, dem Schüler »eine Lektion zu erteilen«. Dummerweise ist es eine »Lektion«, die ihn ganz sicher nicht dazu ermuntern wird, sich in Zukunft aktiv am Unterricht zu beteiligen. Es ist vermutlich der sicherste Weg, ihn für immer davon abzuhalten.

Unsere Schüler müssen sich im Klassenzimmer geborgen fühlen. Das Klassenzimmer muss ein geschützter Raum sein, in dem die Schüler vor physischen und emotionalen Verletzungen sicher sind. Wir Lehrer haben die Aufgabe, diesen geschützten Raum zu schaffen und zu verteidigen. Wir sollten niemals diejenigen sein, die ihn verletzen.

 Den Fehler korrigieren

Jeder Lehrer sollte sich seine Reaktion auf eine falsche Schülerantwort stets genau überlegen. Seine Antwort sollte dem Schüler signalisieren, dass es in Ordnung ist, Fehler zu machen, sollte ihn zur richtigen Antwort hinführen und ihn ermutigen, sich auch in Zukunft aktiv am Unterricht zu beteiligen. Werfen wir einen Blick auf einige Lehrerantworten, die geeignet sind, den Schüler zur weiteren Mitarbeit zu ermutigen.

- »Das stimmt nicht ganz, aber ich glaube, ich weiß was du meinst. So habe ich das noch gar nicht gesehen.«
- »Das ist ein interessanter Punkt, aber nicht das, worauf ich hinauswollte. Schauen wir uns die Frage noch einmal an, ich erklär es noch mal genauer.«
- »Fast, aber nicht ganz richtig. Denk noch mal darüber nach, du bist auf der richtigen Spur.«
- »Ich sollte Euch noch ein wenig mehr Zeit geben, darüber nachzudenken. Das ist eine schwierige Frage.«

Schüler bloßstellen, um sie zu mehr Mitarbeit zu bewegen? Vergessen Sie's! Diese Strategie funktioniert nie. Wenn ein Lehrer versucht, die Oberhand über einen Schüler zu »gewinnen«, wird das Ergebnis immer ein sehr fragwürdiger Sieg für den Lehrer sein. Wer fragt nach den Folgen für den Schüler?

Wenn ein Schüler offensichtlich unaufmerksam ist, dann ist es die Aufgabe des Lehrers, ihm dabei zu helfen, sich zu konzentrieren – ohne Sarkasmus und ohne ihn bloßzustellen. Manchmal ist entscheidend, wie weit weg vom Schüler der Lehrer steht. Oftmals genügt es schon, wenn er sich auf den Schüler zubewegt. In anderen Fällen kann es nötig sein, eine Weile neben dem Pult des Schülers stehen zu bleiben. (Das macht die meisten Schüler so nervös, dass sie sofort wieder bei der Sache sind!)

Manchmal bedarf es auch einer Aufmunterung:

- »Das ist aber ein toller Einleitungssatz! Sag mir Bescheid, wenn du den Absatz fertig geschrieben hast, ich will ihn unbedingt lesen!«
- »Wie ich sehe, tust du dich mit dieser Aufgabe ein bisschen schwer. Kann ich dir irgendwie helfen?«
- »Lass dir ruhig Zeit. Ich bin auch in der Pause da, du kannst also auch in der Pause daran weiterarbeiten, wenn du nicht rechtzeitig fertig wirst.«

Mit ermutigenden Bemerkungen können Sie die Schüler zur Mitarbeit ermuntern. Mit entmutigenden Bemerkungen erreichen Sie das Gegenteil. Was ist Ihnen lieber?

 ## Den Fehler vermeiden

Die Schüler zur Mitarbeit zu animieren braucht Zeit. Deshalb sollten Sie gleich am ersten Tag des Schuljahres damit beginnen, ein gutes Verhältnis zu Ihren Schülern aufzubauen. Sinnvoll ist in jedem Fall, das Thema mündliche Mitarbeit mit Ihren Schülern zu besprechen. Nehmen Sie ihnen die Scheu, sich am Unterricht zu beteiligen, indem Sie ihnen sagen, dass Fehler etwas Positives sind: Ohne Fehler findet kein Lernen statt.

Als Lehrerin habe ich das meinen Schülern gern mit einigen richtig albernen Beispielen veranschaulicht. Ich habe sie zum Beispiel gefragt: »Was ist passiert, als ihr zum ersten Mal versucht habt, euch allein anzuziehen, ohne Stützräder Fahrrad zu fahren oder ein Mandala auszumalen?« Und dann habe ich sie gefragt, wie viele von ihnen sich heute allein anziehen, ohne Stützräder Fahrrad fahren und ein Mandala ausmalen können. Daraus haben sich immer sehr interessante Diskussionen entsponnen. In deren Verlauf wurde deutlich: Fehler gehören zum Lernen dazu!

Beim Besprechen von Klassenarbeiten und Tests habe ich oft eine Methode angewandt, die geradezu magische Wirkung entfaltete: Beim Korrigieren hatte ich meinen Lehrerkalender danebenliegen. Sobald ich die Arbeit eines Schülers korrigiert hatte, schrieb ich die Nummer von mindestens zwei Fragen, die er richtig beantwortet hatte, neben seinen Namen.

Als ich die Fragen am nächsten Tag mit der ganzen Klasse besprach, konnte ich mir dadurch sicher sein, dass ich die Schüler nur bei den Fragen aufrief, die sie im Test richtig beantwortet hatten – und niemals bei Fragen, bei denen sie falsch gelegen hatten. Je öfter ich diese Methode anwandte, desto bereitwilliger meldeten die Schüler sich auch im Unterricht.

 **Quintessenz**

Wenn Sie sich einen Unterricht wünschen, in dem alle Schüler konzentriert mitarbeiten und Sie sich vor Meldungen gar nicht retten können, sollten Sie folgendermaßen vorgehen:

- Achten Sie auf einen handlungsorientierten Unterricht, bei dem die Schüler aktiv in den Lernprozess einbezogen werden.
- Nehmen Sie Ihren Schülern von Anfang an die Angst, indem Sie ihnen versichern, dass Fehler etwas Notwendiges und sogar Begrüßenswertes sind.
- Sagen Sie ihnen, dass jeder Fehler macht. Sie gehören zum Lernen dazu. Fehler sind etwas ganz Natürliches und Normales. Niemand muss sich für Fehler schämen.

Wir müssen unseren Schülern dabei helfen, die Angst zu überwinden, Fehler zu machen. Wir dürfen niemals diejenigen sein, die Ihnen Angst vor Fehlern machen. Unsere Reaktionen müssen sie zu der Überzeugung führen, dass es ein Ding der Unmöglichkeit ist, etwas zu lernen, ohne dabei Fehler zu machen. Eines steht fest: Jeder Fehler ist zugleich eine Chance – vorausgesetzt, dass man ihn korrigiert und etwas daraus lernt.

Fehler №18

Verkennen, dass die Eltern unsere Verbündeten sind

Den Fehler erkennen

Ein Vater oder eine Mutter, denen das Wohl ihres Kindes nicht am Herzen läge, wäre ein Monster. Wenn es stimmte, was viele Lehrer sagen, nämlich dass heutzutage »den Eltern ihre Kinder egal« seien, müssten auf diesem Planeten ganz schön viele Monster herumlaufen. In Wahrheit sind der überwältigenden Mehrheit der Eltern ihre Kinder alles andere als egal. Wir Lehrer sind nur nicht mit der Art und Weise einverstanden, wie sich das bei manchen Eltern äußert.

Grundsätzlich können wir uns vermutlich darauf einigen, dass Eltern das Wohl ihrer Kinder sehr wohl am Herzen liegt. Sie lieben ihre Kinder und wollen nur das Beste für sie, auch wenn ihr *Verhalten* manchmal eine andere Sprache zu sprechen scheint.

Die Eltern können der wichtigste Verbündete eines Lehrers sein. Wenn Eltern und Lehrer gemeinsam an der Bildung und Erziehung eines Kindes arbeiten, können sie sehr viel mehr bewirken, als eine Seite allein es je vermocht hätte.

Andererseits können Eltern auch der gefürchtetste Feind des Lehrers sein. Wenn wir die Eltern als unsere Gegenspieler wahrnehmen, schränkt das unsere Möglichkeiten, Schülern bei der Entfaltung ihres Potenzials zu helfen, empfindlich ein. Allzu oft habe ich gehört, wie sich Lehrer (ich selbst auch) über das mangelnde Engagement der Eltern beklagt haben. Dabei fallen dann Sätze wie:

- »Heutzutage sind den Eltern ihre Kinder egal. Zu unserer Zeit war das noch ganz anders.«
- »Ich erreiche da nie jemanden. Entweder geht nur der AB ran und die rufen nicht zurück, oder die Handy-Nummer stimmt nicht mehr.«
- »Die Bildung der Kinder ist ihnen einfach nicht wichtig genug.«
- »Hast du mal seine Mutter kennengelernt? Wie kannst du da viel von ihm erwarten?«
- »Der Elternabend war ein Witz. Die Eltern, bei denen es wichtig gewesen wäre, haben sich erst gar nicht blicken lassen.«

Die Wahrheit ist: Wenn Sie als Lehrer den Kontakt zu den Eltern wollen, dann müssen Sie in der Regel selbst den ersten Schritt tun.

Warten Sie nicht, bis die Eltern auf Sie zukommen. Das werden die wenigsten tun. Viele Eltern haben in dieser Hinsicht Hemmungen oder wissen nicht so recht, wie sie es anstellen sollen.

Viele Eltern werden Ihnen erzählen, dass sie nur von der Schule hören, wenn es Probleme gibt. Wenn wir als Lehrer die Eltern erst dann anrufen, wenn es um das Fehlverhalten ihres Kindes geht, dann verschenken wir die Chance, sie als Partner und Verbündete zu gewinnen. Hinzu kommt, dass wir nicht selten Angst vor einem solchen Anruf haben. Gespräche dieser Art sind weder angenehm noch einfach, und so sind wir oft froh, wenn wir niemanden erreichen.

Es steht jedoch in unserer Macht, das zu ändern. Wir können jederzeit – je früher, desto besser – den Kontakt suchen, und zwar mit Bezug auf positives Verhalten. Das hat zwei entscheidende Vorteile:

1. Es wird ein konstruktives, angenehmes Gespräch sein, das den Eltern das Gefühl vermittelt, dass wir auf ihrer Seite sind.
2. Sollten wir die Eltern irgendwann anrufen müssen, weil es Schwierigkeiten gibt, dann werden sie ans Telefon gehen und kooperationsbereit sein.

Für das Verhältnis zwischen Eltern und Lehrer gilt der Satz: »Für den ersten Eindruck gibt es keine zweite Chance.« Es gibt nur eine sichere Methode, dafür zu sorgen, dass Ihre erste Begegnung mit den Eltern positiv verläuft: Fädeln Sie sie ein. Planen Sie sie sorgfältig. Suchen Sie sich die Umstände aus. Rufen Sie die Eltern an oder schreiben Sie ihnen eine E-Mail, bevor Probleme auftauchen. Nur so können Sie sicherstellen, dass der erste Eindruck ein guter Eindruck sein wird. Solange die Tür offen steht, besteht die Möglichkeit, eine positive Beziehung aufzubauen. Warten Sie nicht, bis Ihnen die Tür vor der Nase zugeschlagen wird!

 Beispiel für den Fehler

Herr Finsterblick braucht die Hilfe der Eltern nicht. Seiner Meinung nach sind sie ohnehin desinteressiert, daher stellt er keinerlei Bemühungen an, sie zu seinen Verbündeten zu machen. Bislang ist jedes seiner Gespräche mit Eltern negativ verlaufen. Da er erst Kontakt zu den Eltern aufnimmt, wenn die Situation zu eskalieren droht, richten die dann anberaumten Treffen meist mehr Schaden als Nutzen an. Was ihn natürlich in seiner Überzeugung nur bestärkt: »Eltern sind ihre Kinder egal.«

Jeremy ist der schwierigste Schüler von Herrn Finsterblick. Er kommt regelmäßig zu spät in den Unterricht, macht selten seine Hausaufgaben und ist ständig unaufmerksam. Herr Finsterblick hat es mit Sarkasmus und Zynismus versucht, ohne etwas auszurichten. Er hat Jeremy vor seinen Klassenkameraden herabgesetzt und bloßgestellt, doch auch das hatte nicht den gewünschten Erfolg. Er hat Jeremy wiederholt zum Schulleiter geschickt, der ihn zum Nachsitzen verdonnert hat. Nichts hat gefruchtet.

Als der Schulleiter ihn fragt, ob er mit Jeremys Eltern gesprochen habe, gibt Herr Finsterblick seine Standardantwort: »Die Eltern sind keine Hilfe, weil ihnen ihr Kind offensichtlich egal ist.« (Mit anderen Worten: Nein, er hat keinen Kontakt zu den Eltern aufgenommen.)

Der Schulleiter arrangiert ein Treffen zwischen Herrn Finsterblick und Jeremys Eltern. Bei ihrem Zusammentreffen nehmen beide Seiten von vornherein eine Abwehrhaltung ein. Herr Finsterblick liest den Eltern die Liste von Jeremys Vergehen vor. Die Eltern kontern mit Rechtfertigungen. Herr Finsterblick hält mit seinem Unmut nicht hinter dem Berg. Jeremys Eltern verschanzen sich noch mehr in ihrer Abwehrhaltung. Herr Finsterblick schlägt zurück. Schließlich stürmen die Eltern wütend aus dem Zimmer. Herr Finsterblick fühlt sich bestätigt: Hat er es nicht gleich gesagt?

 ## Den Fehler korrigieren

Da Eltern einen Lehrer zuerst durch die Brille ihres Kindes sehen, standen Jeremys Eltern Herrn Finsterblick ablehnend gegenüber. Sein Ruf eilte Herrn Finsterblick voraus, und durch sein Verhalten wurden die Erwartungen der Eltern nur bestätigt. Der Einzige, der etwas daran hätte ändern können, war Herr Finsterblick. Doch der wurde lieber durch sein Verhalten seinem Ruf gerecht.

Für einen Neuanfang müsste er Folgendes tun:

- an seiner Einstellung zu seinen Schülern und deren Eltern arbeiten
- seine Methoden auf den Prüfstand stellen und überlegen, welche davon die erwünschten Ergebnisse zeitigen
- sich angewöhnen, zu Beginn des Schuljahres positive Kontakte zu den Eltern zu knüpfen
- mit den Eltern in regelmäßigem Kontakt bleiben

Im darauffolgenden Sommer sorgte der Schulleiter dafür, dass Herr Finsterblick an einer Fortbildung teilnahm, bei der es darum ging, wie man gute Beziehungen zu den Eltern herstellt. Herr Finsterblick begann, über seine positiven Gespräche mit Eltern Buch zu führen. Er ließ sich von seinen Kollegen Tipps geben, wie man den Kontakt zu den Eltern verbessern kann (s. u.) und machte sich daran, sie umzusetzen.

 Den Fehler vermeiden

Zum Thema »Besserer Kontakt zu den Eltern« vgl. auch mein Buch »How to Reach and Teach ALL Students – Simplified«:

---

8 Tipps, wie man den Kontakt zu den Eltern verbessert

1. Nehmen Sie sich fest vor, in den ersten Wochen des Schuljahres ein positives Gespräch mit den Eltern jedes Schülers zu führen, den Sie unterrichten.
2. Teilen Sie die Zahl der Schüler, die Sie unterrichten, durch die Anzahl der Tage, die Sie sich für Elternanrufe Zeit nehmen wollen. Wenn Sie zum Beispiel 50 Schüler unterrichten, sollten Sie sich ungefähr zwei Wochen (10 Schultage) Zeit nehmen. Auf diese Weise müssen Sie pro Tag fünf Eltern anrufen. Wenn Sie insgesamt nur 25 Schüler unterrichten (zum Beispiel als Klassenlehrerin in der Grundschule) und täglich fünf Eltern anrufen, sind Sie innerhalb einer Woche fertig.

---

3. Überprüfen Sie am ersten Schultag, ob die Kontaktdaten der Eltern, die Sie von der Schulleitung bekommen haben, korrekt sind. Möglicherweise haben sich die Adresse, Telefonnummer oder E-Mail-Adresse zwischenzeitlich geändert. Um das herauszufinden, müssen Sie nur Ihre Schüler fragen.

4. Reservieren Sie an Tagen, an denen Sie Eltern anrufen, tagsüber bestimmte Zeitfenster. Verplanen Sie nicht die Abende, denn am Abend müssen Sie die Eltern anrufen, die Sie tagsüber nicht erreicht haben.

5. Fertigen Sie eine Liste mit positiven Aussagen an, die Sie theoretisch für jeden Schüler verwenden könnten. Suchen Sie vor jedem Anruf eine bis zwei (oder mehr) Aussagen heraus, die auf den betreffenden Schüler passen. Diese Liste könnte ungefähr so aussehen:

- Ihr Kind ist sehr höflich.
- Ihr Kind arbeitet gut mit anderen zusammen.
- Ihr Kind hält sich an die Regeln.
- Ihr Kind kennt unsere Arbeitsabläufe.
- Ihr Kind ist mir und Mitschülern gegenüber sehr hilfsbereit.
- Ihr Kind ist fast immer bei der Sache.
- Ihr Kind strengt sich sehr an.
- Ihr Kind bringt ganz viel mit.
- Ihr Kind ist sehr aufmerksam.
- Ihr Kind macht gewissenhaft seine Hausaufgaben.
- Ihr Kind ist ordentlich.
- Ihr Kind ist kreativ.
- Ihr Kind liest gern.
- Ihr Kind entschuldigt sich, wenn es einen Fehler gemacht hat.
- Ihr Kind übernimmt Verantwortung für die Gruppe.
- Ihr Kind fügt sich gut in Gruppen ein.
- Ihr Kind schließt schnell Freundschaften.
- Ihr Kind verhält sich respektvoll.

Planen Sie das Gespräch. Was Sie nicht brauchen können, ist, mit jeder Mutter oder jedem Vater eine halbe Stunde lang zu telefonieren. Im Lauf der Zeit habe ich gelernt, dass man das Gespräch am Besten mit einem Satz einleitet wie:

»Guten Tag, Mrs. Johnson, hier ist Elizabeth Breaux, die Geschichtslehrerin von Jason. Entschuldigen Sie bitte die Störung. Sie haben sicher viel zu tun, und ich will Sie gar nicht lange aufhalten.«

Indem Sie Ihrem Gesprächspartner mitteilen, dass es nicht lange dauern wird, machen Sie von Anfang an deutlich, dass es nur ein kurzer, unaufdringlicher Anruf werden soll. Dann könnten Sie ungefähr so fortfahren:

»Ich wollte Ihnen nur sagen, dass ich mich sehr freue, Jason dieses Jahr in meiner Klasse zu haben. Er ist sehr eifrig. Er erledigt alles gewissenhaft, was ich ihm auftrage. Er passt gut auf und arbeitet sehr konzentriert. Ich wollte Ihnen mitteilen, dass Sie mich jederzeit gern anrufen oder in meine Sprechstunde kommen können. Meine Sprechstunde ist immer mittwochs zwischen 9:30 Uhr und 10:30 Uhr, Sie können aber auch an jedem anderen Tag etwas für vor oder nach dem Unterricht ausmachen.

Ende des Monats planen wir eine Exkursion und suchen noch Eltern, die uns bei der Organisation unterstützen. Falls Jason sein Organisationstalent von Ihnen hat, dann würden wir uns sehr freuen, wenn Sie mithelfen könnten!«

6. Wenn Sie alle Eltern einmal angerufen haben, sollten Sie weitere positive Anrufe planen. Sie könnten sich zum Beispiel vornehmen, für den Rest des Schuljahres jeden Tag die Eltern eines Schülers anzurufen und ihnen »gute Neuigkeiten« zu überbringen. Selbst wenn Sie sehr viele Schüler haben, könnte das bedeuten, dass die Eltern jedes Schülers in diesem Jahr mehr positive Anrufe bekommen als in der ganzen bisherigen Schulzeit.

7. Den gleichen Effekt können Sie auch mit E-Mails erzielen. Aber achten Sie darauf, dass Sie die Eltern persönlich ansprechen und die Nachricht nicht zu allgemein gehalten ist.

8. Machen Sie sich eine Liste, welche Art von Unterstützung Sie von den Eltern gebrauchen könnten, und greifen Sie bei weiteren Anrufen darauf zurück. Haben die Eltern Sie erst einmal kennengelernt, so werden sie viel eher bereit sein, Ihnen zu helfen. Wenn Sie ihnen den Eindruck vermitteln, dass ihre Hilfe willkommen ist, werden die Eltern sich gebraucht fühlen und auch eher von sich aus ihre Hilfe anbieten.

Quintessenz

Wenn wir die Eltern auf unserer Seite haben, können wir viel erreichen. Wenn wir sie als unsere Gegenspieler wahrnehmen, beschneiden wir unsere eigenen Möglichkeiten, den Schülern bei der Ausschöpfung ihres Potenzials behilflich zu sein. Wenn wir wirklich wollen, dass die Eltern mehr Anteil daran nehmen, was in unseren Schulen und Klassenzimmern passiert, müssen wir Folgendes tun:

- Wir müssen uns immer sagen, dass die Eltern aller unserer Schüler ein echtes Interesse an der Bildung ihrer Kinder haben, selbst wenn wir manchmal das Gefühl haben, dass sich das in ihrem Handeln nicht widerspiegelt.
- Wir müssen davon überzeugt sein, dass wir auch die widerwilligsten Eltern zu unseren Verbündeten machen können.
- Wir müssen uns bewusst machen, dass die meisten Eltern bislang nur negative Erfahrungen mit Lehrern gemacht haben, und dass das ihre Erwartungshaltung prägt.
- Wir müssen von uns aus den ersten Schritt tun, eine positive Beziehung aufzubauen, und uns im Klaren sein, dass es in den seltensten Fällen umgekehrt sein wird.

Indem wir uns unermüdlich darum bemühen, die Eltern einzubinden, können wir als Lehrer dafür sorgen, dass alle Seiten profitieren: Eltern, Lehrer und Schüler. Wir können die Eltern nicht dazu zwingen, sich mehr für die Bildung ihrer Kinder zu interessieren, aber wir können ihnen die Tür öffnen und sie dazu einladen. Wir müssen fest daran glauben, dass wir die Eltern zu mehr Engagement veranlassen können und dass das für alle Beteiligten eine positive Erfahrung sein kann.

Wir dürfen es uns nicht durchgehen lassen, zu negativ denkenden Zynikern zu werden. Wenn wir das zulassen, ist das zum Schaden aller. Fragen Sie mal Herrn Finsterblick.

Fehler №19

Sich von der Fassade
täuschen lassen

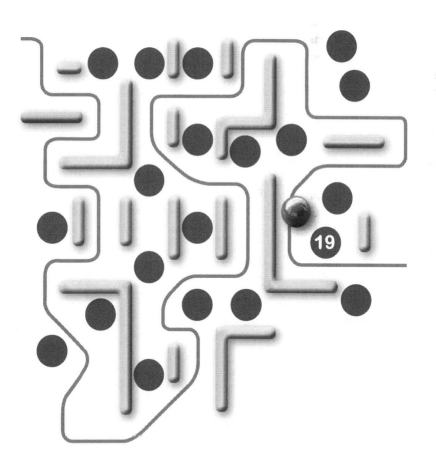

Den Fehler erkennen

Wie oft haben Sie von Ihren Kollegen schon Kommentare gehört wie:

- »Das Einzige, wofür die Schüler sich heutzutage interessieren, sind sie selbst.«
- »Bildung spielt für sie überhaupt keine Rolle.«
- »Sie wären am liebsten gar nicht hier. Wie sollen wir sie da unterrichten?«
- »Sie wissen nichts zu schätzen.«
- »Sie haben von allem zu viel, und sie wollen immer noch mehr.«

Diese letzte Aussage finde ich besonders beunruhigend. Ich glaube, wenn wir sagen, die Schüler hätten »von allem zu viel«, dann bezieht sich das im Wesentlichen auf materielle Dinge. Das eigentliche Problem ist jedoch, dass viel zu viele Schüler viel zu wenig von jenen lebensnotwendigen immateriellen Dingen bekommen, die uns prägen und ausmachen.

Stimmt es, dass viele Schüler »immer noch mehr« wollen? Vielleicht. Das kommt darauf an, wann »noch mehr« Ihrer Meinung nach »zu viel« ist. Natürlich wollen sie mehr materielle Dinge als wir in ihrem Alter. Schließlich gibt es heute vieles, was in unserer Jugendzeit noch gar nicht erfunden war!

Trifft es zu, dass Bildung »überhaupt keine Rolle« für sie spielt und dass sie »am liebsten gar nicht hier« wären? Ich fürchte, ja. Bildung spielt für die Jugendlichen von heute eine ebenso kleine Rolle wie für uns, als wir in ihrem Alter waren.

Ich weiß nicht, wie's bei Ihnen war, aber ich war eine ganz normale, »brave« Schülerin. Aber wenn Sie mich an einem beliebigen Schultag gefragt hätten, ob ich lieber in die Schule gehen oder zu Hause bleiben wolle, dann hätte ich mich immer dafür entschieden, zu Hause zu bleiben. Heißt das, Bildung wäre mir nicht wichtig gewesen? Keineswegs. Sie war mir nur an eben diesem Tag nicht so furchtbar wichtig.

Ich konnte nur das große Ganze nicht sehen. Die längste Zeitspanne, die ich mir vorstellen konnte, umfasste ungefähr fünf Tage, vom vorangegangenen Tag bis zum nächsten Wochenende. Alles, was darüber hinausging, interessierte mich nicht. Und das ist ganz normal, schließlich war ich noch ein Kind!

Stellen Sie sich vor, Sie würden eine kleine Umfrage unter Ihren Kollegen machen, wer nächsten Freitag gern außer der Reihe einen freien Tag hätte. Wie viele, glauben Sie, würden sich diesen Luxus wohl versagen? Und würden Sie daraus schließen, dass Ihren Kollegen die Bildung ihrer Schüler nicht am Herzen liegt? Wohl kaum.

Stimmt es, dass »das Einzige, wofür die Schüler sich heutzutage interessieren, sie selbst« sind? Jedenfalls vermitteln sie diesen Eindruck. Vor allem Teenager sind ausgesprochene »Ich-Menschen«. Nach außen hin tragen Schüler unverkennbar eine »Alles-dreht-sich-um-mich«-Maske. Aber tief drinnen (und nur für die sichtbar, die sich die Mühe machen, genauer hinzuschauen) treiben sie die gleichen Sorgen und Nöte um, die wir alle haben. Durch die Fassade hindurch sind die Ähnlichkeiten zwischen Erwachsenen und Kindern nur schwerer zu erkennen.

Wir als Erwachsene sollten den Unterschied zwischen »Sein« und »Schein« kennen. Wir sollten uns von der Fassade nicht täuschen lassen. Blicken wir hinter die Maske, dann zeigt sich, dass Kinder und Jugendliche im Grunde die gleichen Bedürfnisse, Wünsche und Sehnsüchte haben wie wir alle. Wenn wir uns von der Fassade täuschen lassen, ist das zum Schaden aller.

 Beispiel für den Fehler

Brandy war in ihrer Klasse die Außenseiterin. Sie war deutlich zu groß und zu alt für eine Siebtklässlerin. Sie hatte nur wenige Freunde, und offensichtlich wollte sie das so. Ihr Verhalten signalisierte eindeutig und unmissverständlich:

- »Bleib mir vom Leib!«
- »Ich brauch' niemanden!«
- »Mir sind alle egal!«
- »Du kannst mir nicht wehtun!«
- »Komm mir nicht in die Quere, sonst kannst du was erleben!«
- »Die Schule ist mir egal. Ich hab keinen Bock auf Schule.«

Brandy eilte ihr Ruf Jahr für Jahr voraus. Die Lehrer waren vorgewarnt. Wenn Brandy in ihrer Klasse war, würde es kein gutes Jahr werden.

Brandy verbrachte den Großteil eines Schultages mit Schlafen. Wenn sie gerade nicht schlief, dann war sie entweder gerade aufgewacht oder machte sich bereit für ein Nickerchen. Sie wirkte immer übermüdet. Niemand hinderte sie daran, so viel zu schlafen, wie sie wollte: Die Lehrer hatten gelernt, dass es besser war, ihr nicht in die Quere zu kommen. Wenn Brandy schlief, konnten sie in Ruhe unterrichten. Die Folge war der immer gleiche Zyklus:

- Brandy schlief.
- Brandy wurde bestraft. Sie musste z.B. oft in der Großen Pause drinnen bleiben, aber das schien ihr nichts auszumachen. Ihr war das lieber, als mit den anderen Schülern in die Pause zu gehen. Die vermeintliche Bestrafung war für sie eine Belohnung. Doch die Lehrer ließen sie weiterhin nachsitzen.
- Brandy musste das Schuljahr wiederholen.

Brandy war bereits dreimal sitzen geblieben. Sie war ein hoffnungsloser Fall. Die Lehrer warteten einfach, bis das Schuljahr endlich um war, und gaben sie weiter an den nächsten Lehrer.

 Den Fehler korrigieren

Am ersten Tag des neuen Schuljahres betrat Brandy zum ersten Mal mein Klassenzimmer. Ich hatte die Schülerliste schon vorher bekommen und wusste, dass sie in meiner Klasse sein würde. Es würde eine Herausforderung werden, aber darauf war ich gefasst. Dann mal los!

Brandy wurde ihrem Ruf voll und ganz gerecht. Sie setzte sich ganz hinten in die letzte Reihe und blieb die meiste Zeit stumm. Hätte ich mir nicht Möglichkeiten überlegt, sie einzubinden, hätte sie sich das ganze Schuljahr aus dem Unterricht ausgeklinkt.

Mir war bewusst, dass Brandy gewohnt war, anders behandelt zu werden als alle anderen. Also bemühte ich mich, genau das zu vermeiden. Ich suchte im Lauf der ersten Schultage ganz bewusst nach positiven Eigenschaften bei ihr. Und siehe da: Ich wurde fündig.

- Ich fragte sie, ob es ihr etwas ausmachen würde, meine »rechte Hand« zu sein, da sie ganz hinten in der Nähe der Regale mit den Unterrichtsmaterialien sitze. Ich bat sie, einmal in der Pause dazubleiben (ich wusste, dass sie dagegen nichts haben würde), weil ich ihre Hilfe brauchte. Sie war die Idealbesetzung für diesen Job, da sie älter und »reifer« als ihre Klassenkameradinnen war. Ich zeigte ihr, was wo hingehörte, und übertrug ihr die Verantwortung für das Austeilen und Einsammeln von Materialien sowie einige andere Aufgaben, die im Unterricht regelmäßig anfielen.

- Mir war aufgefallen, dass sie im Grunde genommen ziemlich intelligent war. Wenn ich es schaffte, ihre Aufmerksamkeit zu fesseln, lernte sie sehr schnell. Ich lobte sie und rief sofort ihre Mutter an, um ihr mitzuteilen, dass dieses Jahr der Wendepunkt in Brandys Schullaufbahn sein würde. Ich war fest entschlossen, dieses Versprechen zu halten.

- Ich hatte bemerkt, dass Brandy echte Schwierigkeiten hatte, sich wach zu halten. Ich sah, wie sie sich zu konzentrieren versuchte, während ihr Kopf sich immer wieder langsam zur Seite neigte, bis sie ihn ruckartig zurückholte. Nach dem Unterricht nahm ich sie beiseite und sagte ihr, dass ich sehr beeindruckt sei, wie gescheit sie sei und wie schnell sie den neuen Stoff aufnehme.
Außerdem sagte ich ihr, dass ich mitbekommen habe, wie sehr sie dagegen ankämpfen müsse, im Unterricht einzuschlafen. Als Lösung bot ich ihr mein Stehpult an, das in der hinteren Ecke des Klassenzimmers stand. Immer wenn sie merke, wie sie schläfrig werde, könne sie mit ihren Sachen nach hinten zum Stehpult gehen und dort weiterarbeiten. Ich meinte, dass ihr das möglicherweise dabei helfen könne, wach zu bleiben, und sie stimmte mir zu. Beachten Sie, dass ich nicht auf dieser Lösung bestand, sondern sie ihr als Option anbot, nachdem ich sie dafür gelobt hatte, welche großen Fortschritte sie mache.

Brandy begann die Möglichkeit zu nutzen, sich ans Stehpult zu stellen. Die anderen Schuler schien das nicht zu stören. Allerdings hätte sich ohnehin niemand etwas gegen Brandy zu sagen getraut, schon aus Angst, sich mit ihr anzulegen.

Als Brandy und ich uns besser kennengelernt hatten, sprach ich sie eines Tages auf ihr Müdigkeitsproblem an. Sie erzählte mir, dass sie nachts keine Minute schlafen könne. Daran sei überhaupt nicht zu denken, weil ihre beiden Brüder die ganze Nacht Lärm machten. Einer von ihnen spielte ein Instrument und übte zu den unmöglichsten Tages- und Nachtzeiten. Ihre Mutter war mit einem Alkoholiker zusammen, der die ganze Familie tyrannisierte. Sie hatte kein eigenes Zimmer und musste inmitten des ganzen Chaos auf einem Bettsofa schlafen.

Mit der Zeit habe sie herausbekommen, so Brandy, dass sich immer Lehrer fänden, in deren Stunden sie schlafen könne, also habe sie das ausgenutzt. Außerdem könne sie meistens nach Schulschluss ein Nachmittagsschläfchen machen, weil zu dieser Zeit außer ihr niemand zu Hause sei. Ich sagte ihr, dass sie in der Pause jederzeit zu mir ins Klassenzimmer kommen könne, um sich hinzulegen.

Um die Geschichte abzukürzen (denn es ist eine lange Geschichte): Diesmal musste Brandy das Schuljahr nicht wiederholen. Sie schnitt sogar so gut ab, dass sie die achte Klasse überspringen konnte und in der Highschool wieder Anschluss an Gleichaltrige bekam.

Ich muss oft an sie denken. Was mag aus ihr geworden sein? Hoffentlich haben sich ihre Lehrer an der Highschool nicht von ihrer Fassade täuschen lassen und stattdessen das hübsche junge Mädchen voller Träume und Hoffnungen gesehen, das mit so vielen Schwierigkeiten zu kämpfen hatte, wie sie die wenigsten von uns überhaupt ermessen können.

 Den Fehler vermeiden

Brandy hat mir geholfen, zu einer besseren Lehrerin zu werden. Sie hat mir die Augen geöffnet für den Unterschied zwischen Sein und Schein: Niemand ist das, was von außen sichtbar ist. Wenn ich heute mit angehenden Lehrern arbeite, erzähle ich ihnen die Geschichte von Brandy. Ich fordere sie auf, hinter die Maske zu schauen. Dazu muss man sich zunächst bewusst machen, dass es Masken gibt. Die Schüler, die uns am deutlichsten zu verstehen geben, dass wir sie in Ruhe lassen sollen, brauchen uns am meisten.

 Quintessenz

Wir dürfen uns niemals vom Schein trügen lassen. Wir dürfen uns niemals davon täuschen lassen, wie hübsch etwas verpackt ist. Manchmal verbergen sich hinter den bunten Bändern und Schleifchen wahre Abgründe. Wir müssen uns auf die Suche nach der Wahrheit machen, Mitgefühl zeigen, und hohe Erwartungen haben, dann können wir unsere Schüler auch erreichen und ihnen etwas beibringen.

Fehler №20

Fehler nicht
eingestehen wollen

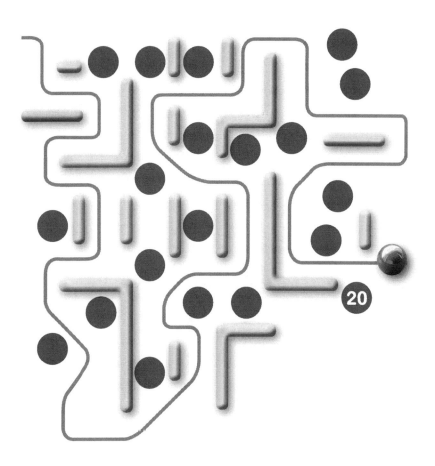

Den Fehler erkennen

Fehler sind menschlich. Wenn Sie sich Ihre Fehler nicht eingestehen, können Sie nichts daraus lernen. Und wenn Sie nichts aus Ihren Fehlern lernen, treten Sie auf der Stelle. Fehler sind etwas ganz Natürliches, sie gehören zum Leben dazu. Sie helfen uns dabei, uns weiterzuentwickeln und über uns selbst hinauszuwachsen. Sie verhindern, dass wir in unserer Entwicklung stagnieren.

Wie wir bereits im 9. Kapitel gesehen haben, sind Jammern, Schuldzuweisungen und Ausreden beliebte Methoden, die Verantwortung für Fehler anderen in die Schuhe zu schieben. Aber wenn wir uns weigern, Fehler zuzugeben, berauben wir uns selbst der Möglichkeit, sie abzustellen.

Wir alle kennen Kollegen, die seit Jahren oder gar Jahrzehnten immer wieder die gleichen Fehler machen. Das Problem, davon sind sie fest überzeugt, sind nicht ihre Methoden, sondern ihre Adressaten. Und das können im Falle eines Lehrers die Schüler ebenso sein wie die Schulleiterin, die Eltern ebenso wie die Kollegen. Solange sie sich weigern, sich ihre Fehler einzugestehen, wird dieser Teufelskreis nie ein Ende haben.

Die Angewohnheit, Fehler anderen in die Schuhe zu schieben, ist bei Schülern beziehungsweise Kindern weit verbreitet. Lehrer können es nicht ausstehen, wenn ihre Schüler sich so verhalten. Wir erwarten und fordern von ihnen, dass sie selbst die Verantwortung für ihr Tun und ihre Fehler übernehmen.

Die gleiche Messlatte sollten wir auch bei uns selbst anlegen. Wenn wir mit gutem Beispiel vorangehen und Fehler offen zugeben, dann vermitteln wir unseren Schülern, dass man Fehler nicht als Hindernis betrachten sollte, sondern als Chance, etwas dazuzulernen. Wenn wir als Erwachsene vorleben, dass Fehler etwas ganz Normales, ja Notwendiges sind, dann fällt der Umgang mit Fehlern auch unseren Schülern leichter.

Beispiel für den Fehler

Einmal kam eine junge Lehrerin zu mir. Sie war völlig aufgelöst und drohte, ihren Job an den Nagel zu hängen. Sie könne einfach nicht mehr. Die Schüler hätten keinerlei Respekt, ihr Benehmen mache einen vernünftigen Unterricht völlig unmöglich. Sie seien ständig unaufmerksam, erledigten selten ihre Hausaufgaben und gäben Hausarbeiten nie pünktlich ab. Sie habe alles versucht und dabei nur erreicht, dass es immer noch schlimmer geworden sei. Jetzt wisse sie nicht mehr weiter und gebe sich geschlagen.

Ich konnte sie davon überzeugen, dass sie keineswegs machtlos war und ihre Möglichkeiten nicht annähernd ausgeschöpft hatte. Sie bat mich, sie einen Tag lang im Unterricht zu besuchen, und natürlich sagte ich Ja. Ohne allzu sehr ins Detail zu gehen, hier eine Liste der »Lehrerfehler«, die mir im Lauf des Tages aufgefallen sind:

- Die Lehrerin war offenbar schon frustriert und genervt, als sie an der Tür die hereinkommenden Schüler begrüßte. Ihre Begrüßung klang etwa so: »Beeil dich!« – »Wo warst du so lange?« – »Heute wird nicht geschwätzt!« – »Ich bin heute nicht zu Scherzen aufgelegt.« – »Das lasse ich heute nicht durchgehen.« – »Das Klassenbuch ist schon aufgeschlagen. Bring mich nicht dazu, dich drin zu verewigen!«
- Mehrere Schüler kamen zu spät. Die Lehrerin fragte sie, wo sie so lange gewesen seien. Die Schüler hatten sich die tollsten Ausreden zurechtgelegt. Die Lehrerin sagte, sie sollten auf ihre Plätze gehen. Es gab offenbar keine Strafe fürs Zuspätkommen.
- Mehrere Schüler hatten ihre Sachen nicht dabei. Auch sie wurden nach dem Warum befragt, und die Schüler lieferten die typischen, offensichtlich erfundenen Ausreden. Die Lehrerin fuhr im »Unterricht« fort.
- Nachdem eine Viertelstunde lang Schüler unaufgefordert und ohne ersichtlichen Grund im Klassenzimmer herumgelaufen waren, forderte die Lehrerin unvermittelt, dass sie sitzen bleiben sollten. In den 15 Minuten zuvor hatte sie kein Wort darüber gesagt.

- Mehrere Male ermahnte die Lehrerin einen Schüler wegen seines Verhaltens. Der Schüler rechtfertigte sich, und die Lehrerin ließ sich auf Diskussionen mit ihm ein.

Ich könnte die Liste beliebig fortsetzen.

Am nächsten Tag traf ich mich mit ihr, und wir diskutierten meine Beobachtungen bis ins Detail. Ich versicherte ihr, dass es für jedes einzelne Problem eine Lösung gebe. Sie müsse sich nur klarmachen, dass es ihr eigenes Verhalten sei, das es zu verändern gelte. Nach einigem Zögern erklärte sie sich bereit, an sich zu arbeiten.

 Den Fehler korrigieren

Als Erstes empfahl ich ihr, sich beim Unterrichten selbst zu filmen. Ich erzählte ihr, das sei das Beste gewesen, was ich je gemacht hätte, um mich als Lehrerin weiterzuentwickeln. Dabei hätte ich Dinge über mich selbst gelernt, die mir nie bewusst gewesen seien. Sie befolgte meinen Rat, und wir schauten uns den Film gemeinsam an. Sie sagte, sie habe das Gefühl, jemand anderem zuzusehen. Ihr fielen sofort viele Fehler auf, von denen sie nichts geahnt hatte. Nun konnte sie sich daranmachen, sie abzustellen.

Als Nächstes schlug ich ihr vor, ihren Kollegen Unterrichtsbesuche abzustatten. Ich riet ihr, einmal zu beobachten, wie ihre Schüler sich bei anderen Lehrern verhalten. Wenn man eine Klasse besucht, die man nicht kennt und in der ein Lehrer seine Schüler gut im Griff hat, neigt man als Beobachter nämlich leicht dazu, das gute Betragen der Schüler darauf zurückzuführen, dass der Lehrer eben das Glück habe, lauter »brave« Schüler unterrichten zu dürfen. Der Beobachter glaubt dann, mit seinen Schülern würde das nie funktionieren. Auf ihren ersten beiden Unterrichtsbesuchen begleitete ich die Lehrerin. Auf diese Weise konnten wir hinterher unsere Eindrücke vergleichen, was passiert war und warum.

Und schließlich empfahl ich ihr, Kollegen und Schulleitung zu sich in den Unterricht einzuladen, sich deren Beobachtungen anzuhören und die Vorschläge aufzugreifen.

Den Fehler vermeiden

Zu Beginn zögerte die junge Lehrerin, sich einzugestehen, dass die Fehler bei ihr selbst lagen. Sie hatte die Schüler (und alle anderen) dafür verantwortlich gemacht und sich dann gewundert, dass die Fehler sich jeden Tag aufs Neue wiederholten, auf stets gleiche Art und Weise.

Als sie bereit war, diese Einstellung zu hinterfragen, erkannte sie, dass sie es war, die diese Fehler jeden Tag aufs Neue und auf stets gleiche Art und Weise wiederholte! Nachdem sie ihre Fehler eingesehen hatte, konnte sie sich daranmachen, sie zu vermeiden. Sobald sie an ihren eigenen Fehlern arbeitete, reagierten ihre Schüler sehr viel besser und erfreulicher auf sie.

Die Erfahrungen dieser jungen Lehrerin zeigen, was möglich ist, wenn wir uns einen Fehler eingestehen, ihn anpacken und als Chance begreifen, dazuzulernen. Dieser Fehler wird sich wahrscheinlich nicht wiederholen, sodass wir uns anderen Fehlern zuwenden können. Die Fehler werden Ihnen so schnell nicht ausgehen – aber nur so entwickeln wir uns weiter: indem wir aus unseren Fehlern lernen!

Indem wir uns an unsere Fehler erinnern und alles Nötige unternehmen, um sie zu korrigieren, können wir vermeiden, dieselben Fehler immer wieder zu machen. Und denken Sie daran: Sie müssen das Rad nicht neu erfinden! Fragen Sie Kollegen, vor allem solche, die schon sehr lange unterrichten. Lassen Sie sich von ihnen die häufigsten Fehler erklären, damit Sie sie vermeiden können!

 Quintessenz

Einen Königsweg, Fehler zu vermeiden, gibt es nicht. Aber selbst wenn es ihn gäbe: Warum sollten wir nach ihm suchen? Der Kardinalfehler, den es zu vermeiden gilt, ist die Weigerung, die eigenen Fehler einzugestehen.

Fehler sind menschlich. Wenn Sie sich Ihre Fehler nicht eingestehen, können Sie nichts daraus lernen. Und wenn Sie nichts aus Ihren Fehlern lernen, können Sie sich nicht weiterentwickeln.

Nachwort

Liebe Lehrer,

Ihre Aufgabe besteht darin, Ihren Schülern den Weg in die Zukunft zu ebnen. Ebnen Sie ihn sorgfältig, aber nicht zu perfekt. Räumen Sie Steine aus dem Weg, aber lassen Sie noch ein paar Hindernisse und Hürden übrig. Vermitteln Sie Ihren Schülern, dass jedes Hindernis einen Sinn hat, und gehen Sie mit gutem Beispiel voran.

Bringen Sie ihnen bei, dass der Weg des Lebens mit Irrtümern gepflastert ist, jeder Fehler jedoch einen tieferen Sinn hat – einen Sinn, der sich uns nur erschließt, wenn wir uns den Fehler eingestehen. Wenn Sie ihnen das vermitteln, haben Sie ihnen die wichtigste Lektion überhaupt erteilt.

Ich wünsche Ihnen, dass Sie und Ihre Schüler massenweise Fehler machen, aber jeden einzelnen eingestehen und daraus lernen, sodass Sie von Jahr zu Jahr stärker und klüger werden.

Herzlich,
Liz